CW00558298

Paul Valéry

de l'Académie française

Introduction à la méthode de Léonard de Vinci

Gallimard

Paul Valéry (1871-1945) s'est obstinément interrogé dès sa jeunesse sur la nature de la pensée, son fonctionnement, ses limites, cherchant dans les figures de Léonard de Vinci et de Monsieur Teste la formule d'une méthode universelle, consignant ses réflexions dans ses *Cahiers* (plus de 26 000 pages manuscrites), ses nombreux essais sur les sujets les plus divers et ses recueils de notes. Sa poésie est une illustration et une célébration de ce travail, une « fête de l'intellect », dit-il, où le frémissement des sensations vivifie l'abstraction par la magie d'une poétique parfaitement maîtrisée.

INTRODUCTION
À LA MÉTHODE
DE LÉONARD DE VINCI

1894

Il reste d'un homme ce que donnent à songer son nom, et les œuvres qui font de ce nom un signe d'admiration, de haine ou d'indifférence. Nous pensons qu'il a pensé, et nous pouvons retrouver entre ses œuvres cette pensée qui lui vient de nous : nous pouvons refaire cette pensée à l'image de la nôtre. Aisément, nous nous représentons un homme ordinaire : de simples souvenirs en ressuscitent les mobiles et les réactions élémentaires. Parmi les actes indifférents qui constituent l'extérieur de son existence, nous trouvons la même suite qu'entre les nôtres ; nous en sommes le lien aussi bien que lui, et le cercle d'activité que son être suggère ne déborde pas de celui qui nous appartient. Si nous faisons que cet individu excelle en quelque point, nous en aurons

L'embarras de devoir écrire sur un grand sujet me contraignit à considérer le problème et à l'énoncer avant que de me mettre à le résoudre. Ce qui n'est pas, en général, le mouvement de l'esprit littéraire, lequel ne s'attarde pas à mesurer l'abîme que sa nature est de franchir.

J'écrirais ce paragraphe premier tout différemment aujourd'hui ; mais j'en conserverais l'essence et la fonction.

Car il a pour objet de faire penser à la possibilité de tout ouvrage de ce genre, c'est-à-dire à l'état et aux moyens d'un esprit qui veut imaginer un esprit.

plus de mal à nous figurer les travaux et les chemins de son esprit. Pour ne pas nous borner à l'admirer confusément, nous serons contraints d'étendre dans un sens notre imagination de la propriété qui domine en lui, et dont nous ne possédons, sans doute, que le germe. Mais si toutes les facultés de l'esprit choisi sont largement développées à la fois, ou si les restes de son action paraissent considérables dans tous les genres, la figure en devient de plus en plus difficile à saisir dans son unité et tend à échapper à notre effort. D'une extrémité de cette étendue mentale à une autre, il y a de telles distances que nous n'avons jamais parcourues. La continuité de cet ensemble manque à notre connaissance, comme s'y dérobent ces informes haillons d'espace qui séparent des objets connus, et traînent au hasard des intervalles ; comme se perdent à chaque instant des myriades de faits, hors du petit nombre de ceux que le langage éveille. Il faut pourtant s'attarder, s'y faire, surmonter la peine qu'impose à notre imagination cette réunion d'éléments hétérogènes par rapport à elle. Toute intelligence, ici, se confond avec l'invention d'un ordre unique, d'un seul moteur et désire animer d'une sorte de semblable le système qu'elle s'impose. Elle s'applique à former une image décisive. Avec une violence qui dépend de son ampleur et de sa lucidité, elle finit par reconquérir sa propre unité. Comme par l'opération d'un mécanisme, une hypothèse se déclare, et se montre l'individu qui a tout fait, la vision centrale où tout a dû se passer, le cerveau monstrueux où l'étrange animal qui a tissé des milliers de purs liens entre tant de formes, et de qui ces constructions énigmatiques et diverses furent les travaux, l'instinct faisant sa demeure. La production de cette hypothèse est un phénomène qui comporte des variations, mais point de hasard. Elle vaut ce que vaudra l'analyse logique dont elle devra être l'objet. Elle est le fond de la méthode qui va nous occuper et nous servir.

Je me propose d'imaginer un homme de qui auraient paru des actions tellement distinctes que si je viens à leur supposer une pensée, il n'y en aura pas de plus étendue. Et je veux qu'il ait un sentiment de la différence des choses infiniment vif, dont les aventures

En réalité, j'ai nommé homme et Léonard ce qui m'apparaissait alors comme le pouvoir de l'esprit.

Univers, — c'est plutôt universalité. Je n'ai pas voulu désigner le Total fabuleux (que le mot d'Univers tente d'évoquer, d'ordinaire), tant que le sentiment de l'appartenance de tout objet à un système qui contient (par hypothèse), de quoi définir tout objet...

pourraient bien se nommer analyse. Je vois que tout l'oriente : c'est à l'univers qu'il songe toujours, et à la rigueur[1]. Il est fait pour n'oublier rien de ce qui entre dans la confusion de ce qui est : nul arbuste. Il descend dans la profondeur de ce qui est à tout le monde, s'y éloigne et se regarde. Il atteint aux habitudes et aux structures naturelles, il les travaille de partout, et il lui arrive d'être le seul qui construise, énumère, émeuve. Il laisse debout des églises, des forteresses ; il accomplit des ornements pleins de douceur et de grandeur, mille engins, et les figurations rigoureuses de mainte recherche. Il abandonne les débris d'on ne sait quels grands jeux. Dans ces passe-temps, qui se mêlent de sa science, laquelle ne se distingue pas d'une passion, il a le charme de sembler toujours penser à autre chose... Je le suivrai se mouvant dans l'unité brute et l'épaisseur du monde, où il se fera la nature si familière qu'il l'imitera pour y toucher, et finira dans la difficulté de concevoir un objet qu'elle ne contienne pas.

1. *Hostinato rigore*, obstinée rigueur. Devise de Léonard.

12

Un nom manque à cette créature de pensée, pour contenir l'expansion de termes trop éloignés d'ordinaire et qui se déroberaient. Aucun ne me paraît plus convenir que celui de *Léonard de Vinci*. Celui qui se représente un arbre est forcé de se représenter un ciel ou un fond pour l'y voir s'y tenir. Il y a là une sorte de logique presque sensible et presque inconnue. Le personnage que je désigne se réduit à une déduction de ce genre. Presque rien de ce que j'en saurai dire ne devra s'entendre de l'homme qui a illustré ce nom : je ne poursuis pas une coïncidence que je juge impossible à mal définir. J'esssaye de donner une vue sur le détail d'une vie intellectuelle, une suggestion des méthodes que toute trouvaille implique, *une*, choisie parmi la multitude des choses imaginables, modèle qu'on devine grossier, mais de toute façon préférable aux suites d'anecdotes douteuses, aux commentaires des catalogues de collections, aux dates. Une telle érudition ne ferait que fausser l'intention tout hypothétique de cet essai. Elle ne m'est pas inconnue, mais j'ai surtout à ne pas en parler, pour ne pas donner à

Un auteur qui compose une biographie — peut essayer de vivre *son personnage, ou bien, de le* construire. *Et il y a opposition entre ces partis.* Vivre, c'est *se transformer dans l'incomplet. La vie en ce sens est toute anecdotes, détails, instants.*

La construction, *au contraire, implique les conditions* a priori *d'une existence qui pourrait être —* TOUT AUTRE.

Cette sorte de logique *est ce qui conduit dans la suite des expériences sensibles à former ce que j'ai appelé plus haut un* Univers, *— et mène ici à un personnage. Il s'agit, en somme, d'un usage du possible de la pensée, contrôlé par*

le plus de cons-cience possible.

J'exprimerais tout ceci bien différemment aujourd'hui ; mais je me reconnais dans cette volonté de me figurer le travail d'une part, et les circonstances accidentelles d'autre part qui engendrent les œuvres.

Les effets d'une œuvre ne sont jamais une conséquence simple des conditions de sa génération. Au contraire, on peut dire qu'une œuvre a pour objet secret de faire imaginer une génération d'elle-

confondre une conjecture relative à des termes fort généraux, avec des débris extérieurs d'une personnalité bien évanouie qu'ils nous offrent la certitude de son existence pensante, autant que celle de ne jamais la mieux connaître.

Mainte erreur, gâtant les jugements qui se portent sur les œuvres humaines, est due à un oubli singulier de leur génération. On ne se souvient pas souvent qu'elles n'ont pas toujours été. Il en est provenu une sorte de coquetterie réciproque qui fait généralement taire, jusqu'à les trop bien cacher, les origines d'un ouvrage. Nous les craignons humbles ; nous allons jusqu'à redouter qu'elles soient naturelles. Et, bien que fort peu d'auteurs aient le courage de dire comment ils ont formé leur œuvre, je crois qu'il n'y en a pas beaucoup plus qui se soient risqués à le savoir. Une telle recherche commence par l'abandon pénible des notions de gloire et des épithètes laudatives ; elle ne supporte aucune idée de supériorité, aucune manie de grandeur. Elle conduit à découvrir la relativité sous l'apparente perfection. Elle est nécessaire pour ne pas croire que les esprits sont aussi profondément différents que leurs produits les font paraître. Certains travaux des sciences, par exemple, et ceux des mathématiques en particulier, présentent une telle limpidité de leur armature qu'on les dirait l'œuvre de personne. Ils ont quelque chose d'*inhumain*. Cette disposition n'a pas été inefficace. Elle a fait supposer une distance si grande entre certaines études, comme les sciences et les arts, que les esprits originaires en ont été tout séparés dans l'opinion et juste autant que les résultats de leurs travaux semblaient l'être. Ceux-ci, pourtant, ne diffèrent qu'après les variations d'un fond commun, par ce qu'ils en conservent et ce qu'ils en négligent, en formant leurs langages et leurs symboles. Il faut donc avoir quelque défiance à l'égard des livres et des expositions trop pures. Ce qui est fixé nous abuse, et ce qui est fait pour être regardé change d'allure, s'ennoblit. C'est mouvantes, irrésolues, encore à la merci d'un moment, que les opérations de l'esprit vont pouvoir nous servir, avant qu'on les ait appelées divertissement ou loi, théorème ou chose d'art, et

même, aussi peu véritable que possible.

Est-il possible de faire quelque chose sans croire que l'on en fait une autre !... l'objet de l'artiste n'est pas l'œuvre tant que ce qu'elle fera dire, et qui ne dépend jamais simplement de ce qu'elle est.

Les sciences et les arts diffèrent surtout en ceci que les premières doivent viser des résultats certains ou énormément probables ; les seconds ne peuvent espérer que des résultats de probabilité inconnue.

Entre le mode de génération et le fruit, il se fait un contraste.

Les fameuses PENSÉES *ne sont pas tant d'honnêtes pensées-pour-soi, que des arguments — armes, poisons, stupéfiants* pour autrui.

Leur forme est parfois si accomplie, si cherchée qu'elle marque une intention de falsifier la vraie « Pensée », de la faire plus imposante, plus effrayante, — que toute Pensée...

qu'elles se soient éloignées, en s'achevant, de leur ressemblance.

Intérieurement, il y a un drame. Drame, aventures, agitations, tous les mots de cette espèce peuvent s'employer, pourvu qu'ils soient plusieurs et se corrigent l'un par l'autre. Ce drame se perd le plus souvent, tout comme les pièces de Ménandre. Cependant, nous gardons les manuscrits de Léonard et les illustres notes de Pascal. Ces lambeaux nous forcent à les interroger. Ils nous font deviner par quels sursauts de pensée, par quelles bizarres introductions des événements humains et des sensations continuelles, après quelles immenses minutes de langueur se sont montrées à des hommes les ombres de leurs œuvres futures, les fantômes qui précèdent. Sans recourir à de si grands exemples qu'ils emportent le danger des erreurs de l'exception, il suffit d'observer quelqu'un qui se croit seul et s'abandonne ; qui *recule* devant une idée ; qui la *saisit* ; qui nie, sourit ou se contracte, et mime l'étrange situation de sa propre diversité. Les fous s'y livrent devant tout le monde.

Voilà des exemples qui lient immédiatement des déplacements

physiques, finis, mesurables à la comédie personnelle dont je parlais. Les acteurs d'ici sont des images mentales et il est aisé de comprendre que, si l'on fait s'évanouir la particularité de ces images pour ne lire que leur succession, leur fréquence, leur périodicité, leur facilité diverses d'association, leur durée enfin, on est vite tenté de leur trouver des analogies dans le monde dit matériel, d'en rapprocher les analyses scientifiques, de leur supposer un milieu, une continuité, des propriétés de déplacement, des vitesses et, de suite, des masses, de l'énergie. On s'avise alors qu'une foule de ces systèmes sont possibles, que l'un d'eux en particulier ne vaut pas plus qu'un autre, et que leur usage, précieux, car il éclaircit toujours quelque chose, doit être à chaque instant surveillé et restitué à son rôle purement verbal. Car l'analogie n'est précisément que la faculté de varier les images, de les combiner, de faire coexister la partie de l'une avec la partie de l'autre et d'apercevoir, volontairement ou non, la liaison de leurs structures. Et cela rend indescriptible l'esprit, qui est leur lieu. Les paroles y perdent

Je dirais que ce qu'il y a de plus réel dans la pensée est ce qui n'y est pas image naïve de la réalité sensible ; mais l'observation, d'ailleurs précaire et souvent suspecte, de ce qui se passe en nous, nous induit à croire que les variations des deux mondes sont comparables ; ce qui permet d'exprimer grosso modo le monde psychique proprement dit par des métaphores empruntées au monde sensible, et particulièrement aux actes et aux opérations que nous pouvons physiquement effectuer.

Ainsi : pensée, pesée ; saisir ; comprendre ; hypothèse, synthèse, etc.

17

leur vertu. Là, elles se forment, elles jaillissent devant ses *yeux* : c'est lui qui nous décrit les mots.

L'homme emporte ainsi des *visions*, dont la puissance fait la sienne. Il y rapporte son histoire. Elles en sont le lieu géométrique. De là tombent ces décisions qui étonnent, ces perspectives, ces divinations foudroyantes, ces justesses du jugement, ces illuminations, ces incompréhensibles inquiétudes, et des sottises. On se demande avec stupéfaction, dans certains cas extraordinaires, en invoquant des dieux abstraits, le génie, l'inspiration, mille autres, d'où viennent ces accidents. Une fois de plus on croit qu'il s'est créé quelque chose, car on adore le mystère et le merveilleux autant qu'ignorer les coulisses ; on traite la logique de miracle, mais l'inspiré était prêt depuis un an. Il était mûr. Il y avait pensé toujours, peut-être sans s'en douter, et où les autres étaient encore à ne pas voir, il avait regardé, combiné et ne faisait plus que lire dans son esprit. Le secret, celui de Léonard comme celui de Bonaparte, comme celui que possède une fois la plus haute intelligence, — est et ne peut être que dans les relations

Durée *provient de* dur. *Ce qui revient, d'autre part, à donner à certaines images visuelles, tactiles, motrices, ou à leurs combinaisons,* des valeurs *doubles.*

qu'ils trouvèrent, — qu'ils furent forcés de trouver, — *entre des choses dont nous échappe la loi de continuité.* Il est certain qu'au moment décisif, ils n'avaient plus qu'à effectuer des actes définis. L'affaire suprême, celle que le monde regarde, n'était plus qu'une chose simple, comme de comparer deux longueurs.

Ce point de vue rend perceptible l'unité de méthode qui nous occupe. Dans ce milieu, elle est native, élémentaire. Elle en est la vie même et la définition. Et quand des penseurs aussi puissants que celui auquel je songe le long de ces lignes retirent de cette propriété ses ressources implicites, ils ont le droit d'écrire dans un moment plus conscient et plus clair : *Facil cosa è farsi univer-sale !* Il est aisé de se rendre universel ! Ils peuvent, une minute, admirer le prodigieux instrument qu'ils sont — quittes à nier instantanément un prodige.

Mais cette clarté finale ne s'éveille qu'après de longs erre-ments, d'indispensables idolâtries. La conscience des opérations de la pensée, qui est la logique méconnue dont j'ai parlé, n'existe que rarement, même dans les plus

Le mot de conti-nuité *n'est pas du tout le bon. Il me souvient de l'avoir écrit à la place d'un autre mot que je n'ai pas trouvé.*

Je voulais dire : entre des choses que nous ne savons pas transposer ou tra-duire dans un sys-tème de l'ensemble de nos actes.

C'est-à-dire : le système de nos pou-voirs.

fortes têtes. Le nombre des conceptions, la puissance de les prolonger, l'abondance des trouvailles sont autres choses et se produisent en dehors du jugement que l'on porte sur leur nature. Cette opinion est cependant d'une importance aisée, à représenter. Une fleur, une proposition, un bruit peuvent être imaginés presque simultanément ; on peut les faire se suivre d'aussi près qu'on le voudra ; l'un quelconque de ces objets de pensée peut aussi se changer, être déformé, perdre successivement sa physionomie initiale au gré de l'esprit qui le tient ; mais la connaissance de ce pouvoir, seule, lui confère toute sa valeur. Seule, elle permet de critiquer ces *formations*, de les interpréter, de n'y trouver que ce qu'elles contiennent et de ne pas en étendre les états directement à ceux de la réalité. Avec elle commence l'analyse de toutes les phases intellectuelles, de tout ce qu'elle va pouvoir nommer folie idole, trouvaille, — auparavant nuances, qui ne se distinguaient pas les unes des autres. Elles étaient des variations équivalentes d'une commune substance ; elles se comparaient, elles faisaient des flottaisons indéfinies et comme irresponsables, quelquefois pouvant se nommer, toutes du même système. La conscience des pensées que l'on a, en tant que ce sont des pensées, est de reconnaître cette sorte d'égalité ou d'homogénéité ; de sentir que toutes les combinaisons de la sorte sont légitimes, naturelles, et que la méthode consiste à les exciter, à les voir avec précision, à chercher ce qu'elles impliquent.

À un point de cette observation ou de cette double vie mentale, qui réduit la pensée ordinaire à être le rêve d'un dormeur éveillé, il apparaît que la série de ce rêve, la nue de combinaisons, de contrastes, de perceptions, qui se groupe autour d'une recherche ou qui file indéterminée, selon le plaisir, se développe avec une régularité *perceptible*, une continuité évidente de machine. L'idée surgit alors (ou le désir) de précipiter le cours de cette suite, d'en porter les termes à leur *limite*, à celle de leurs expressions imaginables, *après laquelle tout sera changé*. Et si ce mode d'être conscient devient habituel, il en viendra, par exemple, à examiner d'emblée tous les résultats possibles d'un acte envisagé, tous

Cette observation (du passage à la limite des développements psychiques) eût mérité que l'auteur s'y attardât.

Elle suggérait des recherches sur le temps, sur ce que je

nomme parfois pression de temps, *sur le rôle des circonstances extérieures, sur l'institution volontaire de certains* seuils...

Il y a là toute une mécanique intime, très délicate, dans laquelle des durées particulières jouent le plus grand rôle, sont incluses les unes dans les autres, etc.

les rapports d'un objet conçu, pour arriver de suite à s'en défaire, à la faculté de deviner toujours une chose plus intense ou plus exacte que la chose donnée, au pouvoir de se réveiller hors d'une pensée qui durait trop. Quelle qu'elle soit, une pensée qui se fixe prend les caractères d'une hypnose et devient, dans le langage logique, une idole ; dans le domaine de la construction poétique et de l'art, une infructueuse monotonie. Le sens dont je parle et qui mène l'esprit à se prévoir soimême, à imaginer l'ensemble de ce qui allait s'imaginer dans le détail, et l'effet de la succession ainsi résumée, est la condition de toute généralité. Lui, qui dans certains individus s'est présenté sous la forme d'une véritable passion et avec une énergie singulière ; qui, dans les arts, permet toutes les avances et explique l'emploi de plus en plus fréquent de termes resserrés, de raccourcis et de contrastes violents, existe implicitement sous sa forme rationnelle au fond de toutes les conceptions mathématiques. C'est une opération très semblable à lui, qui, sous le nom de raisonnement par récurrence[1], donne à ces analyses leur extension, et qui, depuis le type de l'addition jusqu'à la sommation infinitésimale, fait plus que d'épargner un nombre indéfini d'expériences inutiles : elle s'élève à des êtres plus complexes, parce que l'imitation consciente de mon acte est un nouvel acte qui enveloppe toutes les adaptations possibles du premier.

Mon opinion est que le secret de ce raisonnement ou induction mathématique réside dans une sorte de conscience de l'indépendance d'un acte par rapport à sa matière.

Ce tableau, drames, remous, lucidité, s'oppose de lui-même à d'autres mouvements et à d'autres scènes qui tirent de nous les noms de « Nature » ou de « Monde » et dont nous ne savons faire autre chose que nous en distinguer, pour aussitôt nous y remettre.

Les philosophes ont généralement abouti à impliquer notre existence dans cette notion, et elle dans la nôtre même : mais ils ne vont guère au-delà, car l'on sait qu'ils ont à faire de débattre ce qu'y virent leurs prédécesseurs, bien plus que d'y regarder en per-

Voilà le vice essentiel de la philosophie.

Elle est chose personnelle, et ne veut l'être.

Elle veut constituer comme la science un capital transmissible et qui s'accroisse. D'où les

1. L'importance philosophique de ce raisonnement a été, pour la première fois, mise en évidence par M. Poincaré dans un article récent. Consulté par l'auteur sur la question de priorité, l'illustre savant a bien voulu confirmer l'attribution que nous lui faisons.

systèmes, qui pré-
tendent n'être de
personne.

sonne. Les savants et les artistes en ont diversement joui, et les uns ont fini par mesurer, puis construire ; et les autres par construire comme s'ils avaient mesuré. Tout ce qu'ils ont fait se replace de soi-même dans le milieu et y prend part, le continuant par de nouvelles formes données aux matériaux qui le constituent. Mais avant d'abstraire et de bâtir, on observe : la personnalité des sens, leur docilité différente, distingue et trie parmi les qualités proposées en masse celles qui seront retenues et développées par l'individu. La constatation est d'abord subie, presque sans pensée, avec le sentiment de se laisser emplir et celui d'une circulation lente et comme heureuse : il arrive qu'on s'y intéresse et qu'on donne aux choses qui étaient fermées, irréductibles, d'autres valeurs ; on y ajoute, on se plaît davantage à des points particuliers, on se les exprime et il se produit comme la restitution d'une énergie que les sens auraient reçue ; bientôt elle déformera le site à son tour, y employant la pensée réfléchie d'une personne.

L'homme universel commence, lui aussi, par contempler simple-

ment, et il revient toujours à s'im-
prégner de spectacles. Il retourne
aux ivresses de l'instinct particulier et à l'émotion que donne la
moindre chose réelle, quand on les
regarde tous deux, si bien clos par
toutes leurs qualités et concentrant
de toute manière tant d'effets.

La plupart des gens y voient par
l'intellect bien plus souvent que
par les yeux. Au lieu d'espaces
colorés, ils prennent connaissance
de concepts. Une forme cubique,
blanchâtre, en hauteur, et trouée
de reflets de vitres est immédiatement une maison, pour eux : la
Maison ! Idée complexe, accord de
qualités abstraites. S'ils se
déplacent, le mouvement des files
de fenêtres, la translation des surfaces qui défigure continûment
leur sensation, leur échappent, —
car le concept ne change pas. Ils
perçoivent plutôt selon un lexique
que, d'après leur rétine, ils
approchent si mal les objets, ils
connaissent si vaguement les plai-
sirs et les souffrances d'y voir,
qu'ils ont inventé les *beaux sites*.
Ils ignorent le reste. Mais là, ils se
régalent d'un concept qui four-
mille de mots. (Une règle générale
de cette faiblesse qui existe dans

*Utilité des
artistes.*

*Conservation de
la subtilité et de
l'instabilité senso-
rielles.*

*Un artiste mo-
derne doit perdre
les deux tiers de son
temps à essayer de
voir ce qui est vi-
sible, et surtout de
ne pas voir ce qui
est invisible.*

*Les philosophes
expient assez
souvent la faute de
s'être exercés au
contraire.*

25

Une œuvre d'art devrait toujours nous apprendre que nous n'avions pas vu ce que nous voyons.

L'éducation profonde consiste à défaire l'éducation première.

tous les domaines de la connaissance est précisément le choix de lieux *évidents*, le repos en des systèmes définis, qui facilitent, mettent à la portée... Ainsi peut-on dire que l'œuvre d'art est toujours plus ou moins didactique.) Ces beaux sites eux-mêmes leur sont assez fermés. Et toutes les modulations que les petits pas, la lumière, l'appesantissement du regard ménagent, ne les atteignent pas. Ils ne font ni ne défont rien dans leurs sensations. Sachant horizontal le niveau des eaux tranquilles, ils méconnaissent que la mer est *debout* au fond de la vue ; si le bout d'un nez, un éclat d'épaule, deux doigts trempent au hasard dans un coup de lumière qui les isole, eux ne se font jamais à n'y voir qu'un bijou neuf, enrichissant leur vision. Ce bijou est un fragment d'une personne qui seule existe, leur est connue. Et, comme ils rejettent à rien ce qui manque d'une appellation, le nombre de leurs impressions se trouve strictement fini d'avance[1] !

1. Voir dans le *Traité de la Peinture* la proposition CCLXXI. « *Impossibile che una memoria possa riserbare tutti gli aspetti o mutationi d'alcun membro di qualunque*

26

L'usage du don contraire conduit à de véritables analyses. On ne peut dire qu'il s'exerce dans la *nature*. Ce mot, qui paraît général et contenir toute possibilité d'expérience, est tout à fait particulier. Il évoque des images personnelles, déterminant la mémoire ou l'histoire d'un individu. Le plus souvent, il suscite la vision d'une éruption verte, vague et continue, d'un grand travail élémentaire s'opposant à l'humain, d'une quantité monotone qui va nous recouvrir, de quelque chose plus

C'est-à-dire : de voir plus de choses qu'on n'en sait.

Ceci est l'expression naïve d'un doute familier à l'auteur, sur la vraie valeur ou le vrai rôle des mots.

Les mots (du langage commun) ne sont pas faits pour la logique.

La permanence et l'université de leurs significations ne

animal si sia... E perchè ogni quantità continua è divisible in infinito... » Il est impossible qu'une mémoire puisse retenir tous les aspects d'aucun membre de n'importe quel animal. Démonstration géométrique par la divisibilité à l'infini d'une grandeur continue.

Ce que j'ai dit de la vue s'étend aux autres sens. Je l'ai choisie parce qu'elle me paraît le plus *spirituel* de tous. Dans l'esprit, les images visuelles prédominent. C'est entre elles que s'exerce le plus souvent la faculté analogique. Le terme inférieur de cette faculté, qui est la comparaison de deux objets, peut même recevoir pour origine une erreur de jugement accompagnant une sensation peu distincte. La forme et la couleur d'un objet sont si évidemment principales qu'elles entrent dans la conception d'une qualité de cet objet se référant à un autre sens. Si l'on parle de la dureté du fer, presque toujours l'image visuelle du fer sera produite et rarement une image auditive.

En somme les erreurs et les analogies résultent de ce fait, qu'une impression peut être complétée de deux ou quatre façons différentes. Un nuage, une terre, un navire, sont trois manières de compléter une certaine apparence d'objet qui paraît à l'horizon sur la mer. Le désir ou l'attente précipite à l'esprit l'un de ces noms.

forte que nous, s'enchevêtrant, se déchirant, dormant, brodant encore, et à qui, personnifiée, les poètes accordèrent de la cruauté, de la bonté et plusieurs autres intentions. Il faut donc placer celui qui regarde et peut bien voir dans un coin *quelconque* de ce qui est.

Jeune tentative de se représenter un univers *individuel.*
Un Moi et son Univers, en admettant que ces mythes soient utiles, doivent, dans tout système, avoir entre eux les mêmes relations qu'une rétine avec une source de lumière.

L'observateur est pris dans une sphère qui ne se brise jamais ; où il y a des différences qui seront les mouvements et les objets, et dont la surface se conserve close, bien que toutes les portions s'en renou-vellent et s'y déplacent. L'obser-vateur n'est d'abord que la condi-tion de cet espace fini : à chaque instant il est cet espace fini. Nul souvenir, aucun pouvoir ne le trouble tant qu'il s'égale à ce qu'il regarde. Et pour peu que je puisse le concevoir durant ainsi, je conce-vrai que ses impressions diffèrent le moins du monde de celles qu'il recevait dans un rêve. Il arrive à sentir du bien, du mal, du calme lui venant[1] de ces formes toutes

---

1. Sans toucher les questions physiolo-giques je mentionne le cas d'un individu atteint de manie dépressive que j'ai vu dans une clinique. Ce malade, qui était dans l'état de *vie ralentie*, reconnaissait les objets avec une lenteur extraordinaire. Les

quelconques, où son propre corps se compte. Et voici lentement les unes qui commencent de se faire oublier, et de ne plus être vues qu'à peine, tandis que d'autres parviennent à se faire apercevoir, — là où elles avaient toujours été. Une très intime confusion des changements qu'entraînent dans la vision sa durée, et la lassitude, avec ceux dus aux mouvements ordinaires, doit se noter. Certains endroits sur l'étendue de cette vision s'exagèrent comme un membre malade semble plus gros et encombre l'idée qu'on a de son corps, par l'importance que lui donne la douleur. Ces points forts paraîtront plus faciles à retenir, plus doux à être vus. C'est de là que le spectateur s'élève à la rêverie, et désormais il va pouvoir étendre à des objets de plus en plus nombreux des caractères particuliers provenant des premiers et des mieux connus. Il perfectionne l'espace donné en se souvenant d'un précédent. Puis, à son gré, il arrange et défait ses

L'inégalité s'introduit nécessairement, la conscience est, par essence, instable.

Il existe une sorte de liberté de grou-

sensations lui parvenaient au bout d'un temps considérable. Aucun besoin ne se faisait sentir en lui. Cette forme, qui reçoit parfois le nom de manie stupide, est excessivement rare.

pement, de corres-
pondances, et de
neutralisations qui
s'exerce sur le
champ total de la
perception.

Si plusieurs
parlent à la fois, on
peut ne suivre que
le discours de l'un
d'eux.

Ce sont là des
intuitions *au sens*
étroit et étymolo-
gique du terme.

Une image peut
être prévision par
rapport à une
autre.

impressions successives. Il peut apprécier d'étranges combinaisons : il regarde comme un être total et solide un groupe de fleurs ou d'hommes, une main, une joue qu'il isole, une tache de clarté sur un mur, une rencontre d'animaux mêlés par hasard. Il se met à vouloir se figurer des ensembles invisibles dont les parties lui sont données. Il devine les nappes qu'un oiseau dans son vol engendre, la courbe sur laquelle glisse une pierre lancée, les surfaces qui définissent nos gestes, et les déchirures extraordinaires, les arabesques fluides, les chambres informes, créées dans un réseau pénétrant tout, par la rayure grinçante du tremblement des insectes, le roulis des arbres, les roues, le sourire humain, la marée. Parfois, les traces de ce qu'il a imaginé se laissent voir sur les sables, sur les eaux ; parfois sa rétine elle-même peut comparer, dans le temps, à quelque objet la forme de son déplacement.

Des formes nées du mouvement, il y a un passage vers les mouvements que deviennent les formes, à l'aide d'une simple variation de la durée. Si la goutte de pluie paraît comme une ligne, mille

Rôle capital de la
persistance des
impressions.

Il y a une sorte de
symétrie entre ces
deux transforma-
tions inverses l'une
de l'autre.

vibrations comme un son continu, les accidents de ce papier comme un plan poli et que la durée de l'impression s'y emploie seule, une forme stable peut se remplacer par une rapidité convenable dans le transfert périodique d'une chose (ou élément) bien choisie. Les géomètres pourront introduire le temps, la vitesse, dans l'étude des formes, comme ils pourront les écarter de celle des mouvements ; et les langages feront qu'une jetée *s'allonge*, qu'une montagne *s'élève*, qu'une statue *se dresse*. Et le vertige de l'analogie, la logique de la continuité transportent ces actions à la limite de leur tendance, à l'impossibilité d'un arrêt. Tout se meut de degré en degré, imaginairement. Dans cette chambre et parce que je laisse cette pensée durer seule les objets *agissent* comme la flamme de la lampe : le fauteuil se consume sur place, la table se décrit si vite qu'elle en est immobile, les rideaux coulent sans fin, continûment. Voici une complexité infinie ; pour se ressaisir à travers la motion des corps, la circulation des contours, la mêlée des nœuds, les routes, les chutes, les tourbillons, l'écheveau des vitesses, il faut recourir à notre

À la spatialisation *de la succession, correspond ce que je nommais jadis la* chronolyse *de l'espace.*

*C'est là ce qu'on verrait à une certaine échelle, si à cette échelle, lumière et rétine subsistaient. Mais on ne verrait plus les objets. Donc, le rôle de l'*esprit *est ici de combiner des ordres de grandeurs ou de qualités incompatibles, des accommodations qui s'excluent...*

C'est grâce à la hiérarchie des sens et des durées de perception que nous opposons à ce chaos de palpitations et de substitutions —

Nous ne percevons directement que persistances *et* moyennes.

grand pouvoir d'oubli ordonné — et, sans détruire la notion acquise, on installe une conception abstraite : celle des ordres de grandeur.

Telle, dans l'agrandissement de « ce qui est donné », expire l'ivresse de ces choses particulières, desquelles il n'y a pas de science. En les regardant longuement, si l'on y pense, elles se changent ; et si l'on n'y pense pas, on se prend dans une torpeur qui tient et consiste comme un rêve tranquille, où l'on fixe hypnotiquement l'angle d'un meuble, l'ombre d'une feuille, pour s'éveiller dès qu'on les voit. Certains hommes ressentent, avec une délicatesse spéciale, la volupté de l'*individualité* des objets. Ils préfèrent avec délices, dans une chose, cette qualité d'être unique — qu'elles ont toutes. Curiosité qui trouve son expression ultime dans la fiction et les arts du théâtre et qu'on a nommée, à cette extrémité, la *faculté d'identification*[1]. Rien n'est plus délibérément absurde à la description que cette témérité d'une personne se déclarant

Toujours cette puissance d'inégalité.

1. Edgar Poe, *Sur Shakespeare* (Marginalia).

qu'elle est un objet déterminé et qu'elle en ressent les impressions — cet objet fût-il matériel[1] ! Rien n'est plus puissant dans la vie imaginative. L'objet choisi devient comme le centre de cette vie, un centre d'associations de plus en plus nombreuses, suivant que cet objet est plus ou moins complexe. Au fond, cette faculté ne peut être qu'un moyen d'exciter la vitalité imaginative, de transformer une énergie potentielle en actuelle, jusqu'au point où elle devient une caractéristique pathologique, et domine affreusement la stupidité croissante d'une intelligence qui s'en va.

Depuis le regard pur sur les choses jusqu'à ces états, l'esprit n'a fait qu'agrandir ses fonctions, créer des êtres selon les problèmes que toute sensation lui pose et qu'il résout plus ou moins aisément, suivant qu'il lui est demandé une plus ou moins forte production de tels êtres. On voit que nous touchons ici à la *pratique* même de la pensée. Penser consiste, presque tout le temps que

Encore l'inégalité.

Le passage du moins au plus est spontané. Le passage du plus au

---

1. Si l'on éclaircit pourquoi l'identification à un objet matériel *paraît* plus absurde que celle à un objet vivant, on aurait fait un pas dans la question.

moins est réfléchi, rare, — effort contre l'accoutumance et l'apparence de compréhension.

nous y donnons, à errer parmi des motifs dont nous savons, avant tout, que nous les connaissons *plus ou moins bien*. Les choses pourraient se classer d'après la facilité ou la difficulté qu'elles offrent à notre compréhension, d'après le degré de familiarité que nous avons avec elles, et selon les résistances diverses que nous opposent leurs conditions ou leurs parties pour être imaginées ensemble. Reste à conjecturer l'histoire de cette graduation de la complexité.

Si tout fût irrégulier ou tout régulier, point de pensée, car elle n'est qu'un essai de passer du désordre à l'ordre, et il lui faut des occasions de celui-là — et des modèles de celui-ci.

L'isolé, le singulier, l'individuel sont inexplicables, c'est-à-dire n'ont d'expression qu'eux-mêmes.

Difficultés insurmontables que présentent les nombres premiers.

Le monde est irrégulièrement semé de dispositions régulières. Les cristaux en sont ; les fleurs, les feuilles ; maints ornements de stries, de taches sur les fourrures, les ailes, les coquilles des animaux ; les traces du vent sur les sables et les eaux, etc. Parfois, ces effets dépendent d'une sorte de perspective et de groupements inconstants. L'éloignement les produit ou les altère. Le temps les montre ou les voile. Ainsi le nombre des décès, des naissances, des crimes et des accidents présente une régularité dans sa variation, qui s'accuse d'autant plus qu'on le recherche dans plus d'années. Les événements les plus sur-

34

prenants et les plus *asymétriques* par rapport au cours des instants voisins rentrent dans un semblant d'ordre par rapport à de plus vastes périodes. On peut ajouter à ces exemples celui des instincts, des habitudes et des mœurs, et jusqu'aux apparences de périodicité qui ont fait naître tant de systèmes de philosophie historique.

La connaissance des combinaisons régulières appartient aux sciences diverses, et, lorsqu'il n'a pas pu s'en constituer, au calcul des probabilités. Notre dessein n'a besoin que de cette remarque faite dès que nous avons commencé d'en parler : les combinaisons régulières, soit du temps, soit de l'espace, sont irrégulièrement distribuées dans le champ de notre investigation. Mentalement, elles paraissent s'opposer à une quantité de choses informes.

Je pense qu'elles pourraient se qualifier les « premiers guides de l'esprit humain », si une telle proposition n'était immédiatement convertible. De toute façon, elles représentent la *continuité*[1]. Une

— lequel a envahi presque toute la Physique depuis 1894.

1. Ce mot n'est pas ici au sens des mathématiciens. Il ne s'agit pas d'insérer dans un *intervalle* un infini dénombrable et un infini indénombrable de valeurs ; il ne

pensée comporte un changement ou un transfert (d'attention, par exemple), entre des éléments supposés fixes par rapport à elles et qu'elle choisit dans la mémoire ou dans la perception actuelle. Si ces éléments sont parfaitement semblables, ou si leur différence se réduit à une simple distance, au fait élémentaire de ne pas se confondre, le *travail* à exercer se réduit à cette notion purement différentielle. Ainsi une ligne droite sera la plus facile à concevoir de toutes les lignes, parce qu'il n'y a pas d'effort plus petit pour la pensée que celui à exercer en passant de l'un de ses points à un autre, chacun d'eux étant semblablement placé par rapport à tous les autres. En d'autres termes, toutes ses portions sont tellement homogènes, si courtes qu'on les conçoive, qu'elles se réduisent toutes à une seule, toujours la même : et c'est pourquoi l'on réduit toujours les dimensions des figures à des longueurs droites. À un degré plus

La plus facile à concevoir — fort difficile à définir.

Tout ce passage est une tentative juvénile, et assez malheureuse, de description des intuitions les plus simples — *par lesquelles le monde des images et le système des* concepts *arrivent parfois à se joindre.*

s'agit que de l'intuition naïve, d'objets qui font penser à des lois, des lois qui parlent aux yeux. L'existence ou la possibilité de choses semblables est le premier *fait*, non le moins étonnant, de cet ordre.

36

élevé de complexité, c'est à la périodicité qu'on demande de représenter les propriétés continues, car cette périodicité, qu'elle ait lieu dans le temps ou dans l'espace, n'est autre chose que la division d'un objet de pensée en fragments tels qu'ils puissent se remplacer l'un par l'autre à de certaines conditions définies, — ou la multiplication de cet objet sous les mêmes conditions.

Pourquoi, de tout ce qui existe, une partie seulement peut-elle se réduire ainsi ? Il y a un instant où la figure devient si complexe, où l'événement paraît si neuf qu'il faut renoncer à les saisir d'ensemble, à poursuivre leur traduction en valeurs continues. À quel point les Euclides se sont-ils arrêtés dans l'intelligence des formes ? À quel degré de l'interruption de la continuité figurée se sont-ils heurtés ? C'est un point final d'une recherche où l'on ne peut s'empêcher d'être tenté par les doctrines de l'évolution. On ne veut pas s'avouer que cette borne peut être définitive.

Le sûr est que toutes les spéculations ont pour fondement et pour but l'extension de la continuité à l'aide de métaphores,

Nous voici — 1930 — au point où ces difficultés deviennent pressantes. J'ai exprimé très grossièrement en 94 cet état actuel, nous en sommes à désespérer de toute explication figurée — et même intelligible.

ce qu'espère Langevin et non moi — discussion à la Société de Philosophie — 1929.

En somme, il se fait une sorte d'accommodation à la diversité, à la multi-

37

plicité, à l'instabi-
lité des faits.

Ceci est curieu-
sement confirmé,
36 ans après,
aujourd'hui, 1930.
La physique
théorique la plus
hardie et la plus
profonde, —
contrainte de
renoncer aux
images, *à la simili-*
tude visuelle et
motrice — n'a plus,
pour embrasser son
immense domaine,
unifier les lois et les
rendre indépen-
dantes du lieu, de
l'époque et du mou-
vement de l'obser-
vateur, d'autre

d'abstractions et de langages. Les
arts en font un usage dont nous
parlerons bientôt.

Nous arrivons à nous représenter le monde comme se laissant
réduire, çà et là, en éléments intel-
ligibles. Tantôt nos sens y suffisent, d'autres fois les plus ingé-
nieuses méthodes s'y emploient,
mais il reste des vides. Les tentatives demeurent lacunaires. C'est
ici le royaume de notre héros. Il a
un sens extraordinaire de la symétrie qui lui fait problème de tout.
À toute fissure de compréhension
s'introduit la production de son
esprit. On voit de quelle commo-
dité il peut être. Il est comme une
hypothèse physique. Il faudrait
l'inventer, mais il existe ; l'homme
universel peut maintenant s'imaginer. Un Léonard de Vinci peut
exister dans nos esprits, sans les
trop éblouir, au titre d'une
notion : une rêverie de son pouvoir
peut ne pas se perdre trop vite
dans la brume de mots et d'épithètes considérables, propices à
l'inconsistance de la pensée. Croi-
rait-on que lui-même se fût satis-
fait de tels mirages ?

Il garde, cet esprit *symbolique*,
la plus vaste collection de formes,
un trésor toujours clair des atti-

tudes de la nature, une puissance toujours imminente et qui grandit selon l'extension de son domaine. Une foule d'êtres, une foule de souvenirs possibles, la force de reconnaître dans l'étendue du monde un nombre extraordinaire de choses distinctes et de les arranger de mille manières, le constituent. Il est le maître des visages, des anatomies, des machines. Il sait de quoi se fait un sourire ; il peut le mettre sur la face d'une maison, aux plis d'un jardin ; il échevèle et frise les filaments des eaux, les langues des feux. En bouquets formidables, si sa main figure les péripéties des attaques qu'il combine, se décrivent les trajectoires de milliers de boulets écrasant les ravelins de cités et de places, à peine construites par lui dans tous leurs détails, et fortifiées. Comme si les variations des choses lui paraissaient dans le calme trop lentes, il adore les batailles, les tempêtes, le déluge. Il s'est élevé à les voir dans leur ensemble mécanique, et à les sentir dans l'indépendance apparente ou la vie de leurs fragments, dans une poignée de sable envolée éperdue, dans l'idée égarée de chaque combattant où se tord une *guide que la* symétrie *des formules.*

passion et une douleur intime[1]. Il est dans le petit corps « timide et brusque » des enfants, il connaît les restrictions du geste des vieillards et des femmes, la simplicité du cadavre. Il a le secret de composer des êtres fantastiques dont l'existence devient probable, où le raisonnement qui accorde leurs parties est si rigoureux qu'il suggère la vie et le naturel de l'ensemble. Il fait un Christ, un ange, un monstre en prenant ce qui est connu, ce qui est partout, dans un ordre nouveau, en profitant de l'illusion et de l'abstraction de la peinture, laquelle ne produit qu'une seule qualité des choses, et les évoque toutes.

Des précipitations ou des lenteurs simulées par les chutes des terres et des pierres, des courbures massives aux draperies multipliées ; des fumées poussant sur les toits aux arborescences lointaines, aux hêtres gazeux des horizons ; des poissons aux oiseaux ; des étincelles solaires de la mer

1. Voir la description d'une bataille, du déluge, etc., au *Traité de la Peinture* et dans les manuscrits de l'Institut (Éd. Ravaisson-Mollien). Aux manuscrits de Windsor se voient les dessins des tempêtes, bombardements, etc.

aux mille minces miroirs des feuilles de bouleau ; des écailles aux éclats marchant sur les golfes ; des oreilles et des boucles aux tourbillons figés des coquilles, il va. Il passe de la coquille à l'enroulement de la tumeur des ondes, de la peau des minces étangs à des veines qui la tiédiraient, à des mouvements élémentaires de reptation, aux couleuvres fluides. Il vivifie. L'eau, autour du nageur[1], il la colle en écharpes, en langes moulant les efforts des muscles. L'air, il le fixe dans le sillage des alouettes en effilochures d'ombre, en fuites mousseuses de bulles que ces routes aériennes et leur fine respiration doivent défaire et laisser à travers les feuillets bleuâtres de l'espace, l'épaisseur du cristal vague de l'espace.

Il reconstruit tous les édifices ; tous les modes de s'ajouter des matériaux les plus différents le tentent. Il jouit des choses distribuées dans les dimensions de l'espace ; des voussures, des charpentes, des dômes tendus ; des galeries et des loges alignées ; des masses que retient en l'air leur

1. Croquis dans les manuscrits de l'Institut.

Les croquis de cette espèce très nombreux dans les mss de Léonard. On y voit son imagination *précise figurer ce que la photographie a rendu sensible de nos jours.*

Le travail de sa pensée appartient, par tout ceci, à cette lente transformation de la notion de l'espace — qui d'une chambre vide, *d'un volume isotrope, est devenu peu à peu un système inséparable de la matière qu'il* contient et du *temps.*

poids dans des arcs ; des ricochets, des ponts ; des profondeurs de la verdure des arbres s'éloignant dans une atmosphère où elle boit ; de la structure des vols migrateurs dont les triangles aigus vers le sud montrent une combinaison rationnelle d'êtres vivants.

Il se joue, il s'enhardit, il traduit dans cet universel langage tous ses sentiments avec clarté. L'abondance de ses ressources métaphoriques le permet. Son goût de n'en pas finir avec ce que contient le plus léger fragment, le moindre éclat du monde lui renouvelle sa force et la cohésion de son être. Sa joie finit en décorations de fêtes, en inventions charmantes, et quand il rêvera de construire un *homme volant*, il le verra s'élever pour chercher de la neige à la cime des monts et revenir en épandre sur les pavés de la ville tout vibrants de chaleur, l'été. Son émotion s'élude en le délice de visages purs que fripe une moue d'ombre, en le geste d'un dieu qui se tait. Sa haine connaît toutes les armes, toutes les ruses de l'ingénieur, toutes les subtilités du stratège. Il établit des engins de guerre formidables, qu'il protège par les bastions, les caponnières, les saillants, les fossés garnis d'écluses pour déformer subitement l'aspect d'un siège ; et je me souviens, en y goûtant la belle défiance italienne du XVIe siècle, qu'il a bâti des donjons où quatre volées d'escalier, indépendantes autour du même axe, séparaient les mercenaires de leurs chefs, les troupes de soldats à gages les unes des autres.

Il adore ce corps de l'homme et de la femme qui se mesure à tout. Il en sent la hauteur, et qu'une rose peut venir jusqu'à la lèvre ; et qu'un grand platane le surpasse vingt fois, d'un jet d'où le feuillage redescend jusqu'à ses boucles ; et qu'il emplit de sa forme rayonnante une salle possible, une concavité de voûte qui s'en déduit, une place naturelle qui compte des pas. Il guette la chute légère du pied qui se pose, le squelette silencieux dans les chairs, les coïncidences de la marche, tout le jeu superficiel de chaleur et fraîcheur frôlant les nudités, blancheur diffuse ou bronze, fondues sur un mécanisme. Et la face, cette chose éclairante, éclairée, la plus particulière des choses visibles, la plus magnétique, la plus difficile à regarder sans y lire, le possède. Dans la mémoire de chacun, demeurent quelques centaines de visages avec leurs variations, vaguement. Dans la sienne, ils étaient ordonnés et elles se suivaient d'une physionomie à l'autre ; d'une ironie à l'autre, d'une sagesse à une moindre, d'une bonté à une divinité, par symétrie. Autour des yeux, points fixes dont l'éclat se change, il fait jouer et se tirer jusqu'à tout dire, le masque où se confondent une architecture complexe et des moteurs distincts sous l'uniforme peau.

Dans la multitude des esprits, celui-ci paraît comme une de ces *combinaisons régulières* dont nous avons parlé : il ne semble pas, comme la plupart des autres, devoir se lier, pour être compris, à une nation, à une tradition, à un groupe exerçant le même art. Le nombre et la communication de ses actes en font un objet symétrique, une sorte de *système complet en lui-même*, ou qui se rend tel incessamment.

Il est fait pour désespérer l'homme moderne qui est détourné dès l'adolescence, dans une spécialité où l'on croit qu'il doit devenir supérieur parce qu'il y est enfermé : on invoque la

Peut-être la plus grande possession d e s o i - m ê m e éloigne-t-elle l'individu de toute particularité — autre que celle-là même d'être maître et centre de soi ?...
Dans Note et Digression, *on trouve le développement de ceci.*

44

variété des méthodes, la quantité des détails, l'addition continuelle de faits et de théories, pour n'aboutir qu'à confondre l'observateur patient, le comptable méticuleux de ce qui est, l'individu qui se réduit, non sans mérite, si ce mot a un sens ! aux habitudes minutieuses d'un instrument, avec celui pour qui ce travail est fait, le poète de l'hypothèse, l'édificateur de matériaux analytiques. Au premier, la patience, la direction monotone, la spécialité de tout le temps. L'absence de pensée est sa qualité. Mais l'autre doit circuler au travers des séparations et des cloisonnements. Son rôle est de les enfreindre. Je voudrais suggérer ici une analogie de la spécialité avec ces états de stupéfaction dus à une sensation prolongée, auxquels j'ai fait allusion. Mais, le meilleur argument est que, neuf fois sur dix, toute grande nouveauté dans un ordre est obtenue par l'intrusion de moyens et de notions qui n'y étaient pas prévus ; venant d'attribuer ces progrès à la formation d'images, puis de langages, nous ne pouvons éluder cette conséquence que la quantité de ces langages possédée par un homme influe singulièrement

J'écrirais aujourd'hui que le nombre des emplois possibles d'un mot par

45

un individu est plus important que le nombre des mots dont il peut disposer.

Cf. Racine, V. Hugo.

Diderot est étrange, ici.

Il n'avait du philosophe que ce qu'il faut au philosophe de légèreté ; et qui manque, d'ailleurs, à beaucoup d'entre eux.

sur le nombre des chances qu'il peut avoir d'en trouver de nouveaux. Il serait facile de montrer que tous les esprits qui ont servi de substance à des générations de chercheurs et d'ergoteurs, et dont les restes ont nourri, pendant des siècles, l'opinion humaine, la manie humaine de faire écho, ont été plus ou moins universels. Les noms d'Aristote, Descartes, Leibniz, Kant, Diderot, suffisent à l'établir.

Nous touchons maintenant aux joies de la *construction*. Nous tenterons de justifier par quelques exemples les précédentes vues, et de montrer, dans son application, la possibilité et presque la nécessité d'un jeu général de la pensée. Je voudrais que l'on vît avec quelle difficulté les résultats particuliers que j'effleurerai seraient obtenus, si des concepts en apparence étrangers ne s'y employaient en nombre.

Celui que n'a jamais saisi, fût-ce en rêve ! le dessein d'une entreprise qu'il est le maître d'abandonner, l'aventure d'une construction finie quand les autres voient qu'elle commence, et qui n'a pas connu l'enthousiasme brû-

L'arbitraire créant le nécessaire.

lant une minute de lui-même, le poison de la conception, le scrupule, la froideur des objections intérieures et cette lutte des pensées alternatives où la plus forte et la plus universelle devrait triompher même de l'habitude, même de la nouveauté, celui qui n'a pas regardé dans la blancheur de son papier une image troublée par le possible, et par le regret de tous les signes qui ne seront pas choisis, ni vu dans l'air limpide une bâtisse qui n'y est pas, celui que n'ont pas hanté le vertige de l'éloignement d'un but, l'inquiétude des moyens, la prévision des lenteurs et des désespoirs, le calcul des phases progressives, le raisonnement projeté sur l'avenir, y désignant même ce qu'il ne faudra pas raisonner *alors*, celui-là ne connaît pas davantage, quel que soit d'ailleurs son savoir, la richesse et la ressource et l'étendue spirituelle qu'illumine le fait conscient de *construire*. Et les dieux ont reçu de l'esprit humain le don de *créer*, parce que cet esprit, étant périodique et abstrait, peut agrandir ce qu'il conçoit jusqu'à ce qu'il ne le conçoive plus.

Construire existe entre un projet ou une vision déterminée, et les

Cette indépen-dance est la condi-tion de la recherche formelle. Mais l'ar-tiste, dans une autre phase, *tente de res-tituer la particula-rité, et même la sin-gularité, qu'il avait d'abord éliminées de son attention.*

matériaux que l'on a choisis. On substitue un ordre à un autre qui est initial, quels que soient les objets qu'on ordonne. Ce sont des pierres, des couleurs, des mots, des concepts, des hommes, etc., leur nature particulière ne change pas les conditions générales de cette sorte de musique où elle ne joue encore que le rôle du timbre, si l'on poursuit la métaphore. L'étonnant est de ressentir parfois l'impression de justesse et de consistance dans les constructions humaines, faites de l'aggloméra-tion d'objets apparemment irré-ductibles, comme si celui qui les a disposés leur eût connu de secrètes affinités. Mais l'étonnement dépasse tout, lorsqu'on s'aperçoit que l'auteur, dans l'immence majorité des cas, est incapable de se rendre lui-même le compte des chemins suivis et qu'il est déten-teur d'un pouvoir dont il ignore les ressorts. Il ne peut jamais pré-tendre d'avance à un succès. Par quels calculs les parties d'un édi-fice, les éléments d'un drame, les composantes d'une victoire, arrivent-ils à se pouvoir comparer entre eux ? Par quelle série d'ana-lyses obscures la production d'une œuvre est-elle amenée ?

En pareil cas, il est d'usage de se référer à l'instinct pour éclaircir, mais ce qu'est l'instinct n'est pas trop éclairci lui-même, et, d'ailleurs, il faudrait ici avoir recours à des instincts rigoureusement exceptionnels et personnels, c'est-à-dire à la notion contradictoire d'une « habitude héréditaire » qui ne serait pas habituelle plus qu'elle n'est héréditaire.

L'instinct est une impulsion dont la cause et le but sont à l'infini, en admettant que cause et but signifient quelque chose dans cette espèce.

Construire, dès que cet effort aboutit à quelque compréhensible résultat, doit faire songer à une commune mesure des termes mis en œuvre, un élément ou un principe que suppose déjà le fait simple de prendre conscience et qui peut n'avoir d'autre existence qu'une abstraite ou imaginaire. Nous ne pouvons nous représenter un tout fait de changements, un tableau, un édifice de qualités multiples, que comme lieu des modalités d'une seule *matière* ou *loi*, dont la continuité cachée est affirmée par nous au même instant que nous reconnaissons pour un ensemble, pour domaine limité, de notre investigation, cet édifice. Voici encore ce postulat psychique de continuité qui ressemble dans notre connaissance au principe de l'inertie dans la mécanique.

différentielles —
*n'est pas ici
employé au sens
technique. J'ai
voulu dire combi-
naison d'éléments
identiques.*

Seules, les combinaisons purement abstraites, purement différentielles, telles que les numé-
riques, peuvent se construire à
l'aide d'unités déterminées ;
remarquons qu'elles sont dans le
même rapport avec les autres
constructions possibles que les
portions régulières dans le monde
avec celles qui ne le sont pas.

Il y a dans l'art un mot qui peut
en nommer tous les modes, toutes
les fantaisies et qui supprime d'un
coup toutes les prétendues difficultés tenant à son opposition ou à
son rapprochement avec cette
nature, jamais définie, et pour
cause : c'est *ornement*. Qu'on
veuille bien se rappeler successivement les groupes de courbes, les
coïncidences de divisions couvrant
les plus antiques objets connus, les
profils de vases et de temples ; les
carreaux, les spires, les oves, les
stries des anciens ; les cristallisa-
tions et les murs voluptueux des
Arabes ; les ossatures et les symétries gothiques ; les ondes, les feux,
les fleurs sur le laque et le bronze
japonais ; et dans chacune de ces
époques, l'introduction des simili-
tudes des plantes, des bêtes et des
hommes, le perfectionnement de

*L'ornement,
réponse au vide,
compensation du
possible, complète
en quelque sorte,
annule une liberté.*

50

ces ressemblances : la peinture, la sculpture. Qu'on évoque le langage et sa mélodie primitive, la séparation des paroles et de la musique, l'arborescence de chacune, l'invention des verbes, de l'écriture, la complexité *figurée* des phrases devenant possible, l'intervention si curieuse des mots abstraits ; et, d'autre part, le système des sons s'assouplissant, s'étendant de la voix aux résonances des matériaux, s'approfondissant par l'harmonie, se variant par l'usage des timbres. Enfin qu'on aperçoive le parallèle progrès des formations de la pensée à travers les sortes d'onomatopées psychiques primitives, les symétries et les contrastes élémentaires, puis les idées de substances, les métaphores, les bégayements de la logique, les formalismes et les entités, les êtres métaphysiques...

Toute cette vitalité multiforme peut s'apprécier sous le rapport ornemental. Les manifestations énumérées peuvent se considérer comme les portions finies d'espace ou de temps contenant diverses variations qui sont parfois des objets caractérisés et connus, mais dont la signification et l'usage ordinaire sont négligés, pour que n'en subsistent que l'ordre et les réactions mutuelles. De cet ordre dépend l'effet. L'effet est le but ornemental, et l'œuvre prend ainsi le caractère d'un mécanisme à impressionner un public, à faire surgir les émotions et se répondre les images.

De ce point de vue, la conception ornementale est aux arts particuliers ce que la mathématique est aux autres sciences. De même que les notions physiques de temps, longueur, densité, masse, etc., ne sont dans les calculs que des quantités homogènes et ne retrouvent leur individualité que dans l'interprétation des résultats, de même les objets choisis et ordonnés en vue d'un effet sont comme détachés de la plupart de leurs propriétés et ne les reprennent que dans cet effet, dans l'esprit non prévenu du spectateur. C'est donc par une abstraction que l'œuvre d'art peut se construire, et cette abstraction est plus ou moins énergique, plus ou moins facile à définir, selon que les éléments empruntés à la réalité en sont des portions plus ou moins complexes. Inversement, c'est par une sorte d'induction, par la production d'images mentales que

Il ne s'agit pas ici d'homogénéité au sens technique du mot. On a voulu dire simplement que des qualités bien différentes, une fois représentées par des grandeurs, n'existent plus pour le calcul et pendant le calcul que comme nombres.

Ainsi le peintre, pendant son opération, regarde les choses comme couleurs et les couleurs comme éléments de ses actes.

toute œuvre d'art s'apprécie ; et cette production doit être également plus ou moins énergique, plus ou moins *fatigante* selon qu'un simple entrelacs sur un vase ou une phrase brisée de Pascal la sollicite.

Le peintre dispose sur un plan des pâtes colorées dont les lignes de séparation, les épaisseurs, les fusions et les heurts doivent lui servir à s'exprimer. Le spectateur n'y voit qu'une image plus ou moins fidèle de chairs, de gestes, de paysages, comme par quelque fenêtre du mur du musée. Le tableau se juge dans le même esprit que la réalité. On se plaint de la laideur de la figure, d'autres en tombent amoureux ; certains se livrent à la psychologie la plus verbeuse ; quelques-uns ne regardent que les mains qui leur paraissent toujours inachevées. Le fait est que, par une insensible exigence, le tableau doit reproduire les conditions physiques et naturelles de notre milieu. La pesanteur s'y exerce, la lumière s'y propage comme ici ; et, graduellement, se placèrent au premier rang des connaissances picturales l'anatomie et la perspective : je crois

C'est de même que j'ai jugé, pour la poésie, que l'on doit l'étudier d'abord en tant que pure sonorité, la lire et relire comme une sorte de musique ; n'introduire le sens et les intentions dans la diction qu'une fois bien saisi le système des sons que doit, à peine de néant, offrir un poème.

cependant que la méthode la plus sûre pour juger une peinture, c'est de n'y rien reconnaître d'abord et de faire pas à pas la série d'inductions que nécessite une présence simultanée de taches colorées sur un champ limité, pour s'élever de métaphores en métaphores de suppositions en suppositions à l'intelligence du sujet, parfois à la simple conscience du plaisir, qu'on n'a pas toujours eu d'avance.

Je ne pense pas pouvoir donner un plus amusant exemple des dispositions générales à l'égard de la peinture que la célébrité de ce « sourire de la Joconde », auquel l'épithète de mystérieux semble irrévocablement fixée. Ce pli de visage a eu la fortune de susciter la phraséologie, que légitiment, dans toutes les littératures, les titres de « Sensations » ou « Impressions » d'art. Il est enseveli sous l'amas des vocables et disparaît parmi tant de paragraphes qui commencent à le déclarer *troublant* et finissent à une description d'*âme* généralement vague. Il mériterait cependant des études moins enivrantes. Ce n'est pas d'imprécises observations et de signes arbitraires que se servait

Léonard. La Joconde n'eût jamais été faite. Une sagacité perpétuelle le guidait.

Au fond de la Cène, il y a trois fenêtres. Celle du milieu, qui s'ouvre derrière Jésus, est distinguée des autres par une corniche en arc de cercle. Si l'on prolonge cette courbe, on obtient une circonférence dont le centre est sur le Christ. Toutes les grandes lignes de la fresque aboutissent à ce point ; la symétrie de l'ensemble est relative à ce centre et à la longue ligne de la table d'agape. Le mystère, s'il y en a un, est celui de savoir comment nous jugeons mystérieuses de telles combinaisons ; et celui-là, je crains, peut être éclairci.

Ce n'est pas dans la peinture, néanmoins, que nous choisirons l'exemple saisissant qu'il nous faut de la communication entre les diverses activités de la pensée. La foule des suggestions émanant du besoin de diversifier et de peupler une surface, la ressemblance des premières tentatives de cet ordre avec certaines ordinations naturelles, l'évolution de la sensibilité rétinienne seront ici délaissées, de crainte d'entraîner le lecteur vers des spéculations bien trop arides.

Un art plus vaste et comme l'ancêtre de celui-ci servira mieux nos intentions.

Le mot *construction* que j'ai employé à dessein, pour désigner plus fortement le problème de l'intervention humaine dans les choses du monde, et pour donner à l'esprit du lecteur une direction vers la logique du sujet, une suggestion matérielle, ce mot prend maintenant sa signification restreinte. L'architecture devient notre exemple.

Le monument (qui compose la Cité, laquelle est presque toute la civilisation) est un être si complexe que notre connaissance y épelle successivement un décor faisant partie du ciel et changeant, puis une richissime texture de motifs selon hauteur, largeur et profondeur, infiniment variés par les perspectives ; puis une chose solide, résistante, hardie, avec des caractères d'animal : une subordination, une membrure, et, finalement, une machine dont la pesanteur est l'agent, qui conduit de notions géométriques à des considérations dynamiques et jusqu'aux spéculations les plus ténues de la physique moléculaire dont il suggère les théories, les modèles représentatifs des structures. C'est à travers le monument, ou plutôt parmi ses échafaudages imaginaires faits pour accorder ses conditions entre elles, son appropriation avec sa stabilité, ses proportions avec sa situation, sa forme avec sa matière, et pour harmoniser chacune de ces conditions avec elle-même, ses millions d'aspects entre eux, ses équilibres entre eux, ses trois dimensions entre elles, que nous recomposons le mieux la clarté d'une intelligence léonardienne. Elle peut se jouer à concevoir les sensations futures de l'homme qui fera le tour de l'édifice, s'en rapprochera, paraîtra à une fenêtre, et ce qu'il apercevra ; à suivre le poids des faîtes conduit le long des murs et des voussures jusqu'à la fondation ; à sentir les efforts contrariés des charpentes, les vibrations du vent qui les obsédera ; à prévoir les formes de la lumière libre sur les tuiles, les corniches, et diffuse, encagée dans les salles que le soleil touche aux planchers. Elle éprouvera et jugera le faix du linteau sur les supports, l'opportunité de l'arc, les difficultés des voûtes, les cas-

Ce ne sont plus aujourd'hui des édifices *que découvre la physique dans la matière. Elle finit par y trouver de* l'indescriptible par essence — *et de* l'imprévu *! 1930.*

cades d'escaliers vomis de leurs perrons, et toute l'invention qui se termine en une masse durable, ornée, défendue, mouillée de vitres, faite pour nos vies, pour contenir nos paroles et d'où fuient nos fumées.

Communément, l'architecture est méconnue. L'opinion qu'on en a varie du décor de théâtre à la maison de rapport. Je prie qu'on se rapporte à la notion de la Cité pour en apprécier la généralité, et qu'on veuille bien, pour en connaître le charme complexe, se rappeler l'infinité de ses aspects ; l'immobilité d'un édifice est l'exception ; le plaisir est de se déplacer jusqu'à le mouvoir et à jouir de toutes les combinaisons que donnent ses membres, qui varient : la colonne tourne, les profondeurs dérivent, des galeries glissent, mille visions s'évadent du monument, mille accords.

(Maint projet d'une église, jamais réalisée, se rencontre dans les manuscrits de Léonard. On y devine généralement un Saint-Pierre-de-Rome, que fait regretter celui de Michel-Ange. Léonard, à la fin de la période ogivale et au milieu de l'exhumation des antiques, retrouve, entre ces deux

Le plus difficile problème de l'architecture comme art est la prévision de ces aspects indéfiniment variés.

C'est une épreuve pour le monument, qui est redoutable à toute architecture dont l'auteur n'aura songé qu'à faire un décor de théâtre.

types, le grand dessein des Byzantins ; l'élévation d'une coupole sur des coupoles, les gonflements superposés de dômes foisonnant autour du plus haut, mais avec une hardiesse et une pure ornementation que les architectes de Justinien n'ont jamais connues.)

L'être de pierre existe dans l'espace : ce qu'on appelle espace est relatif à la conception de tels édifices qu'on voudra ; l'édifice architectural interprète l'espace et conduit à des hypothèses sur sa nature, d'une manière toute particulière, car il est à la fois un équilibre de matériaux par rapport à la gravitation, un ensemble statique visible et, dans chacun de ces matériaux, un autre équilibre, moléculaire et mal connu. Celui qui compose un monument se représente d'abord la pesanteur et pénètre aussitôt après dans l'obscur royaume atomique. Il se heurte au problème de la structure : savoir quelles combinaisons doivent s'imaginer pour satisfaire aux conditions de résistance, d'élasticité, etc., s'exerçant dans un espace donné. On voit quel est l'élargissement logique de la question, comment, du domaine architectural, si généralement abandonné aux praticiens, l'on passe aux plus profondes théories de physique générale et de mécanique.

Grâce à la docilité de l'imagination, les propriétés d'un édifice et celles intimes d'une substance quelconque s'éclairent mutuellement. L'espace, dès que nous voulons nous le figurer, cesse aussitôt d'être vide, se remplit d'une foule de constructions arbitraires et peut, dans tous les cas, se remplacer par la juxtaposition de figures qu'on sait rendre aussi petites qu'il est nécessaire. Un édifice, si complexe qu'on pourra le concevoir, multiplié et proportionnellement rapetissé, représentera l'élément d'un milieu dont les propriétés dépendront de celles de cet élément. Nous nous trouvons ainsi pris et nous déplaçant dans une quantité de structures. Qu'on remarque autour de soi de quelles façons différentes l'espace est occupé, c'est-à-dire formé, concevable, et qu'on fasse un effort vers les conditions qu'impliquent, pour être perçues, avec leurs qualités particulières, les choses diverses, une étoffe, un minéral, un liquide, une fumée, on ne s'en donnera une idée nette qu'en grossissant une

Ici, l'on devrait peut-être faire quelques remarques sur l'espace, mot qui change de sens avec sa manière de voir ou de penser.

L'espace de la pratique ordinaire n'est pas tout à fait celui du physicien qui n'est pas tout à fait celui du géo-

particule de ses textures et en y intercalant un édifice tel que sa simple multiplication reproduise une structure ayant les mêmes propriétés que celle considérée... À l'aide de ces conceptions, nous pouvons circuler sans discontinuité à travers les domaines apparemment si distincts de l'artiste et du savant, de la construction la plus poétique et même la plus fantastique jusqu'à celle tangible et pondérable. Les problèmes de la composition sont réciproques des problèmes de l'analyse ; et c'est une conquête *psychologique* de notre temps que l'abandon de concepts trop simples au sujet de la constitution de la matière, non moins que de la formation des idées. Les rêveries substantialistes autant que les explications dogmatiques disparaissent, et la science de former des hypothèses, des noms, des modèles, se libère des théories préconçues et de l'idole de la simplicité.

Je viens d'indiquer, avec brièveté dont le lecteur différent me saura gré ou m'excusera, une évolution qui me paraît considérable. Je ne saurais mieux l'exemplifier qu'en prenant dans les écrits de Léonard lui-même une phrase *mètre.*

Car ce ne sont pas toutes les mêmes expériences ou opérations qui les définissent.

Il en résulte que les propriétés cardinales de similitude *ne sont pas également valables. Il n'y a pas d'*infiniment petit *en chimie ; et l'on peut aujourd'hui douter, en physique, de la divisibilité illimitée de la* longueur. *Ce qui signifie que l'idée de division et celle de la chose à diviser ne sont plus indépendantes. L'opération n'est plus concevable en deçà d'un certain point.*

dont on dirait que chaque terme s'est compliqué et purifié jusqu'à ce qu'elle soit devenue une notion fondamentale de la connaissance moderne du monde : « L'air, dit-il, est rempli d'infinies lignes droites et rayonnantes, entrecroisées et tissues sans que l'une emprunte jamais le parcours d'une autre, et elles *représentent* pour chaque objet la vraie FORME de leur raison (de leur explication). » *L'aria e piena d'infinite linie rette e radiose insieme intersegate e intessute sanza ochupatione luna dellaltra rapresantano aqualunche obieto lauera forma della lor chagione* (Man. A, fol. 2). Cette phrase paraît contenir le premier germe de la théorie des ondulations lumineuses, surtout si on la rapproche de quelques autres sur le même sujet[1]. Elle donne l'image du squelette d'un système d'ondes dont toutes ces lignes seraient les directions de propagation. Mais je ne tiens guère à ces sortes de prophéties scienti-

1. Voir le manuscrit A, *Siccome la pietra gittata nell' acqua...*, etc. ; voir aussi la curieuse et vivante *Histoire des Sciences mathématiques*, par G. LIBRI, et l'*Essai sur les ouvrages mathématiques de Léonard*, par J.-B. VENTURI. Paris, an V (1797).

fiques, toujours suspectes ; trop de gens pensent que les anciens avaient tout inventé. Du reste, une théorie ne vaut que par ses développements logiques et expérimentaux. Nous ne possédons ici que quelques *affirmations* dont l'origine intuitive est l'observation des rayons, celles des ondes de l'eau et du son. L'intérêt de la citation est dans sa forme, qui nous donne une clarté authentique sur une méthode, la même dont j'ai parlé tout le long de cette étude. Ici, l'explication ne revêt pas *encore* le caractère d'une mesure. Elle ne consiste que dans l'émission d'une image, d'une relation mentale concrète entre des phénomènes, disons, pour être rigoureux, entre les images des phénomènes. Léonard semble avoir eu la conscience de cette sorte d'expérimentation psychique, et il me paraît que, pendant les trois siècles après sa mort, cette méthode n'a été reconnue par personne, tout le monde s'en servant, — nécessairement. Je crois également, peut-être est-ce beaucoup s'avancer ! que la fameuse et séculaire question du plein et du vide peut se rattacher à la conscience ou à l'inconscience de

Comme je l'ai dit plus haut, les phénomènes de l'imagerie mentale *sont fort peu étudiés. Je maintiens mon sentiment de leur importance. Je prétends que certaines lois propres à ces phénomènes sont essentielles et d'une généralité extraordinaire ; que les variations des images, les restrictions imposées à ces variations, les productions spontanées d'*images-réponses, *ou complémen-*

taires, permettent de rejoindre des mondes *aussi distincts que ceux du rêve, de l'état mystique, de la déduction par analogie.*

cette *logique imaginative*. Une action à distance est une chose inimaginable. C'est par une abstraction que nous la déterminons. Dans notre esprit, une abstraction seule *potest facere saltus*. Newton lui-même, qui a donné leur forme analytique aux actions à distance, connaissait leur insuffisance explicative. Mais il était réservé à Faraday de retrouver dans la science physique la méthode de Léonard. Après les glorieux travaux mathématiques des Lagrange, des d'Alembert, des Laplace, des Ampère et de bien d'autres, il apporta des conceptions d'une hardiesse admirable, qui ne furent littéralement que le prolongement, par son imagination, des phénomènes observés ; et son imagination était si remarquablement lucide « que ses idées pouvaient s'exprimer sous la forme mathématique ordinaire et se comparer à celles des mathématiciens de profession[1] »; Les *combinaisons régulières* que forme la limaille autour des pôles de l'aimant furent, dans son esprit, les

1. CLERK MAXWELL, préface au *Traité d'électricité et de magnétisme*, Traduction Seligmann-Lui.

modèles de la transmission des anciennes actions à distance. Lui aussi *voyait* des systèmes de lignes unissant tous les corps, remplissant tout l'espace, pour *expliquer* les phénomènes électriques et même la gravitation ; ces lignes de force, nous les apprécions ici comme celle de la moindre résistance de compréhension ! Faraday n'était pas mathématicien, mais il ne différait des mathématiciens que par l'expression de sa pensée, par l'absence des symboles de l'analyse. « Faraday voyait, par les yeux de son esprit, des lignes de force traversant tout l'espace où les mathématiciens voyaient des centres de force s'attirant à distance ; Faraday voyait un milieu où ils ne voyaient que la distance[1]. » Une nouvelle période s'ouvrit pour la science physique à la suite de Faraday ; et quand J. Clerk Maxwell eut traduit dans le langage mathématique les idées de son maître, les imaginations scientifiques s'emplirent de telles visions dominantes. L'étude du milieu qu'il avait formé, siège des actions électriques et lieu des relations intermoléculaires, demeure

Aujourd'hui, des lignes d'univers, mais on ne peut plus les voir.

Peut-être les entendre ? car *seuls les* trajets *que suggèrent les mélodies nous peuvent donner quelque idée ou intuition de trajectoire dans l'*espace-temps. *Un son continu représente un point.*

---

1. CLERK MAXWELL.

la principale occupation de la physique moderne. La précision de plus en plus grande demandée à la figuration des modes de l'énergie, la volonté de *voir*, et ce qu'on pourrait appeler la manie cinétique, ont fait apparaître des constructions hypothétiques d'un intérêt logique et psychologique immense. Pour Lord Kelvin, par exemple, le besoin d'exprimer les plus subtiles actions naturelles par une liaison mentale, poussée jusquà pouvoir se réaliser matériellement, est si vif que toute explication lui paraît devoir aboutir à un modèle mécanique. Un tel esprit substitue à l'atome inerte, ponctuel, et démodé de Boscovitch et des physiciens du commencement de ce siècle, un mécanisme déjà extraordinairement complexe, pris dans la trame de l'éther, qui devient lui-même une construction assez perfectionnée pour satisfaire aux très diverses conditions qu'elle doit remplir. Cet esprit ne fait aucun effort pour passer de l'architecture cristalline à celle de pierre ou de fer ; il retrouve dans nos viaducs, dans les symétries des trabes et des entretoises, les symétries de résistance que les gypses et les quartz offrent

Il ne s'agit plus maintenant d'un mécanisme. C'est un autre monde.

à la compression, au clivage, ou, différemment, au trajet de l'onde lumineuse.

De tels hommes nous paraissent avoir eu l'intuition des méthodes que nous avons indiquées ; nous nous permettons même d'étendre ces méthodes au-delà de la science physique ; nous croyons qu'il ne serait ni absurde ni tout à fait impossible de vouloir se créer un modèle de la continuité des opérations intellectuelles d'un Léonard de Vinci ou de tout autre esprit déterminé par l'analyse des conditions à remplir...

Les artistes et les amoureux d'art qui auraient feuilleté ceci dans l'espoir d'y retrouver quelques-unes des impressions obtenues au Louvre, à Florence ou à Milan, devront me pardonner la déception présente. Néanmoins je ne crois pas m'être trop éloigné de leur occupation favorite, malgré l'apparence. Je pense, au contraire, avoir effleuré le problème, capital pour eux, de la composition. J'en étonnerai sans doute plusieurs en disant que de telles difficultés relatives à l'effet sont généralement abordées et résolues à l'aide de notions et de mots extraordinairement obscurs et entraînant mille embarras. Plus d'un passe son temps à changer sa définition du *beau*, de la *vie*, ou du *mystère*. Dix minutes de simple attention à soi-même doivent suffire pour faire justice de ces *idola specus* et pour reconnaître l'inconsistance de l'accouplement d'un nom abstrait, toujours vide, à une vision toujours personnelle et rigoureusement personnelle. De même, la plupart des désespoirs d'artistes se fondent sur la difficulté ou l'impossibilité de *rendre* par les moyens de leur art une image qui leur semble se décolorer et se faner en la captant dans une phrase, sur une toile ou sur une portée. Quelques autres minutes de *conscience* peuvent se dépenser à constater qu'il est illusoire de vouloir produire dans l'esprit d'autrui les fantaisies du sien propre. Ce projet est même à peu près inintelligible. Ce qu'on appelle une *réalisation* est un véritable problème de rendement dans lequel n'entre à aucun degré le sens particulier, la clef que chaque auteur attribue à ses matériaux, mais seulement la nature de ces matériaux et l'esprit du public. Edgar Poe qui fut, dans ce siècle

Rien n'entre plus difficilement dans l'esprit du monde, et même dans celui de la critique, que cette incompétence de l'auteur à l'égard de son

littéraire troublé, l'éclair même de la confusion et de l'orage poétique et de qui l'analyse s'achève parfois, comme celle de Léonard, en sourires mystérieux, a établi clairement sur la psychologie, sur la probabilité des effets, l'attaque de son lecteur. De ce point de vue, tout déplacement d'éléments fait pour être aperçu et jugé dépend de quelques lois générales et d'une appropriation particulière, définie d'avance pour une catégorie prévue d'esprits auxquels ils s'adressent spécialement ; et l'œuvre d'art devient une machine destinée à exciter et à combiner les formations individuelles de ces esprits. Je devine l'indignation qu'une telle suggestion, tout à fait éloignée du sublime ordinaire, peut susciter ; mais l'indignation elle-même sera une bonne preuve de ce que j'avance, sans, d'ailleurs, que ceci soit en rien une œuvre d'art.

Je vois Léonard de Vinci approfondir cette mécanique, qu'il appelait le paradis des sciences, avec la même puissance naturelle qu'il s'adonnait à l'invention de visages purs et fumeux. Et la même étendue lumineuse, avec ses

œuvre, une fois produite.

*Voilà une éton-
nante prophétie,
qui serait peu de
chose si elle n'était
qu'une pure vue du
possible, mais qui
prend toute sa
sublimité d'être
proférée par le pre-
mier homme qui ait
réellement étudié le
problème du vol,
qui en concevait la
solution technique,
au commencement
du xvie siècle !*

dociles êtres possibles, est le lieu de ces actions qui se ralentirent en œuvres distinctes. Lui n'y trouvait pas des passions différentes : à la dernière page du mince cahier, tout mangé de son écriture secrète et des calculs aventureux où tâtonne sa recherche la préférée, l'aviation, il s'écrie, — foudroyant son labeur imparfait, illuminant sa patience et les obstacles par l'apparition d'une suprême vue spirituelle, obstinée certitude : « Le grand oiseau prendra son premier vol monté sur un grand cygne ; et remplissant l'univers de stupeur, remplissant de sa gloire toutes les écritures, louange éternelle au nid où il naquit ! » *« Piglierà il primo volo il grande uccello sopra del dosso del suo magnio cecero e empiendo l'universo di stupore, empiendo di sua fama tutte le scritture e grogria eterna al nido dove nacque. »*

NOTE ET DIGRESSION

1919

*Pourquoi l'auteur, dit-on,
a-t-il fait aller son personnage
en Hongrie ?*

*Parce qu'il avait envie de
faire entendre un morceau de
musique instrumentale dont le
thème est hongrois. Il l'avoue
sincèrement. Il l'eût mené partout ailleurs s'il eût trouvé la
moindre raison musicale de le
faire.*

HECTOR BERLIOZ.
(Avant-Propos de la
Damnation de Faust.)

Il me faut excuser d'un titre si
ambitieux et si véritablement
trompeur que celui-ci. Je n'avais
pas le dessein d'en imposer quand
je l'ai mis sur ce petit ouvrage.

*Le nom de
Méthode était bien
fort, en effet.
Méthode fait songer
à quelque ordre*

assez bien défini d'opérations ; et je n'envisageais qu'une habitude singulière de transformer toutes les questions de mon esprit.

Le lendemain trouve la veille plus faible ou plus forte que soi ; et les deux sensations le blessent.

Mais il y a vingt-cinq ans que je l'y ai mis, et après ce long refroidissement, je le trouve un peu fort. Le titre avantageux serait donc adouci. Quant au texte... Mais le texte, on ne songerait même pas à l'écrire. *Impossible !* dirait maintenant la raison. Arrivé à l'énième coup de la partie d'échecs que joue la connaissance avec l'être, on se flatte qu'on est instruit par l'adversaire ; on en prend le visage ; on devient dur pour le jeune homme qu'il faut bien souffrir d'avoir comme aïeul ; on lui trouve des faiblesses inexplicables, qui furent ses audaces ; on reconstitue sa naïveté. C'est là se faire plus sot qu'on ne l'a jamais été. Mais sot par nécessité, sot par raison d'État ! Il n'est pas de tentation plus cuisante, ni plus intime, ni plus féconde, peut-être, que celle du reniement de soi-même : chaque jour est jaloux des jours, et c'est son devoir que de l'être ; la pensée se défend désespérément d'avoir été plus forte ; la clarté du moment ne veut pas illuminer au passé de moments plus clairs qu'elle-même ; et les premières paroles que le contact du soleil fait balbutier au cerveau qui

se réveille sonnent ainsi dans ce
Memnon : *Nihil reputare actum...*

Relire, donc, relire après l'oubli
— *se* relire, sans ombre de tendresse, sans paternité ; avec froideur et acuité critique, et dans une
attente terriblement créatrice de
ridicule et de mépris, l'air étran-
ger, l'œil destructeur, — c'est
refaire ou pressentir que l'on refe-
rait, bien différemment, son travail.

L'objet en vaudrait la peine.
Mais il n'a pas cessé d'être au-dessus de mes forces. Aussi bien je
n'ai jamais rêvé de m'y attaquer :
ce petit essai doit son existence à
Madame Juliette Adam, qui, vers
la fin de l'an 94, sur le gracieux
avis de Monsieur Léon Daudet,
voulut me demander de l'écrire
pour sa *Nouvelle Revue*.

*Ce fut ma pre-
mière « commande ».*

Quoique j'eusse vingt-trois ans,
mon embarras fut immense. Je
savais trop que je connaissais Léonard beaucoup moins que je ne
l'admirais. Je voyais en lui le personnage principal de cette Comédie Intellectuelle qui n'a pas jusqu'ici rencontré son poète, et qui
serait pour mon goût bien plus
précieuse encore que *La Comédie
Humaine*, et même que *La Divine*

Comédie. Je sentais que ce maître de ses moyens, ce possesseur du dessin, des images, du calcul, avait trouvé l'attitude centrale à partir de laquelle les entreprises de la connaissance et les opérations de l'art sont également possibles ; les échanges heureux entre l'analyse et les actes, singulièrement probables : pensée merveilleusement excitante.

Mais pensée trop immédiate, pensée sans valeur, pensée infiniment répandue, et pensée bonne pour parler, non pour écrire.

Je distingue toujours *ces deux* emplois.

Si je ne faisais que ce qui me tente, je n'écrirais que pour chercher ou pour conserver.

La parole non écrite trouve *avant de chercher.*

Cet Apollon me ravissait au plus haut degré de moi-même. Quoi de plus séduisant qu'un dieu qui repousse le mystère, qui ne fonde pas sa puissance sur le trouble de notre sens ; qui n'adresse pas ses prestiges au plus obscur, au plus tendre, au plus sinistre de nous-mêmes ; qui nous force de convenir et non de ployer ; et de qui le miracle est de s'éclaircir ; la profondeur, une perspective bien déduite ? Est-il meilleure marque d'un pouvoir authentique et légitime que de ne pas s'exercer sous un voile ? — Jamais pour Dionysos, ennemi plus délibéré, ni si pur, ni armé de tant de lumière, que ce héros moins occupé de plier et de rompre les monstres que d'en considérer les ressorts ; dédaigneux de les percer de flèches, tant il les pénétrait de questions ; leur supérieur, plus que leur vainqueur, il signifie n'être pas sur eux de triomphe plus achevé que de les comprendre, — presque au point de les reproduire ; et une fois saisi leur principe, il peut bien les abandonner, dérisoirement réduits à l'humble condition de cas très particuliers et de paradoxes explicables.

Si légèrement que je l'eusse étudié, ses dessins, ses manuscrits m'avaient comme ébloui. De ces milliers de notes et de croquis, je gardais l'impression extraordinaire d'un ensemble hallucinant d'étincelles arrachées par les coups les plus divers à quelque fantastique fabrication. Maximes, recettes, conseils à soi, essais d'un raisonnement qui se reprend ; parfois une description achevée ; parfois il se parle et se tutoie...

Mais je n'avais nulle envie de redire qu'il fut ceci et cela : et peintre, et géomètre, et...

Et, d'un mot, l'artiste du monde même. Nul ne l'ignore.

En vérité, je ne concevais pas l'intérêt de cette foule de détails que l'érudit poursuit dans les bibliothèques.

Qu'importe, me disais-je, ce qui n'arrive qu'une fois ?

L'histoire m'est un excitant, et non un aliment. Ce qu'elle apprend ne se change pas en types d'actes, en fonctions et opérations de notre esprit. Quand l'esprit est bien éveillé, il n'a besoin que du présent et de soi-même.

Je ne recherche pas le temps perdu, que je repousserais plutôt. Mon esprit ne se plaît qu'en action.

Je n'étais pas assez savant pour songer à développer le détail de ses recherches, — (essayer, par exemple, de déterminer le sens précis de cet *Impeto*, dont il fait si grand usage dans sa dynamique ; ou disserter de *Sfumato*, qu'il a poursuivi dans sa peinture) ; ni je ne me trouvais assez érudit (et moins encore, porté à l'être), pour penser à contribuer, de si peu que ce fût, au pur accroissement des faits déjà connus. Je ne me sentais pas pour l'érudition toute la ferveur qui lui est due. L'étonnante conversation de Marcel Schwob me gagnait à son charme propre plus qu'à ses sources. Je buvais tant qu'elle durait. J'avais le plaisir sans la peine. Mais enfin, je me réveillais ; ma paresse se redressait contre l'idée des lectures désespérantes, des recensions infinies, des méthodes scrupuleuses qui préservent de la certitude. Je disais à mon ami que de savants hommes courent bien plus de risques que les autres, puisqu'ils font des paris et que nous restons hors du jeu ; et qu'ils ont deux manières de se tromper : la nôtre, qui est aisée, et la leur, laborieuse. Que s'ils ont le bonheur de nous rendre quelques événements, le nombre même des vérités matérielles rétablies met en danger la réalité que nous cherchons. Le vrai à l'état brut est plus faux que le faux. Les documents nous renseignent au hasard sur la règle et sur l'exception. Un chroniqueur, même, préfère de nous conserver les singularités de son époque. Mais tout ce qui est vrai d'une époque ou d'un personnage ne sert pas toujours à les mieux connaître. Nul n'est identique au total exact de ses apparences ; et qui d'entre nous n'a pas dit, ou qui n'a pas fait, quelque chose qui n'est pas *sienne* ? Tantôt le lapsus, — ou l'occasion, — ou la seule lassitude accumulée d'être précisément celui qu'on est altèrent pour un moment celui-là même ; on nous croque pendant un dîner ; ce feuillet passe à la postérité, tout habitée d'érudits, et nous voilà jolis pour toute l'éternité littéraire. Un visage faisant la grimace, si on le photographie dans cet instant, c'est un document irrécusable. Mais montrez-le aux amis du saisi ; ils n'y reconnaissent personne.

Ce qui est le plus vrai d'un individu, et le plus Lui-Même, c'est son possible — *que son histoire ne dégage qu'incertainement.*

Ce qui lui arrive peut ne pas en tirer ce qu'il ignore de soi-même.

Un airain jamais heurté ne rend pas le son fondamental qui serait le sien.

C'est pourquoi ma tentative fut plutôt de concevoir et de décrire à ma façon le Possible *d'un Léonard que le Léonard de l'Histoire.*

J'avais bien d'autres sophismes à la discrétion de mes dégoûts, tant la répugnance à de longs labeurs est ingénieuse. Toutefois, j'aurais peut-être affronté ces ennuis, s'ils m'avaient paru me conduire à la fin que j'aimais. J'aimais dans mes ténèbres la loi intime de ce grand Léonard. Je ne voulais pas de son histoire, ni seulement des productions de sa pensée... De ce front chargé de couronnes, je rêvais seulement à *l'amande...*

Que faire parmi tant de réfutation, n'étant riche que de désirs, tout ivre que l'on soit de cupidité et d'orgueil intellectuels ?

Se monter la tête ? Se donner enfin quelque fièvre littéraire ? En cultiver le délire ?

Je brûlais pour un beau sujet. Que c'est peu devant le papier !

Une grande soif, sans doute, s'illustre elle-même de ruisselantes visions ; elle agit sur je ne sais quelles substances secrètes comme fait la lumière invisible sur le verre de Bohême tout pénétré d'urane ; elle éclaire ce qu'elle attend, elle diamante des cruches, elle se peint l'opalescence de carafes... Mais ces breuvages qu'elle se frappe ne sont que spécieux ; mais je trouvais indigne, et je le trouve encore, d'écrire par le seul enthousiasme. L'enthousiasme n'est pas un état d'âme d'écrivain.

Quelque grande que soit la puissance du feu, elle ne devient utile et motrice que par les machines où l'art l'engage ; il faut que des gênes bien placées fassent obstacle à sa dissipation totale, et qu'un retard adroitement opposé au retour invincible de l'équilibre permette de soustraire quelque chose à la chute infructueuse de l'ardeur.

S'agit-il du discours, l'auteur qui le médite se sent être tout ensemble *source*, *ingénieur* et *contraintes* : l'un de lui est impulsion ; l'autre prévoit, compose, modère, supprime ; un troisième, — logique et mémoire, — maintient les données, conserve les liaisons, assure quelque durée à l'assemblage *voulu... Écrire* devant être, le plus solidement et le plus exactement qu'on le puisse, de construire cette machine de langage où la détente de l'esprit excité se dépense à vaincre des résistances *réelles*, il exige de l'écrivain qu'il se divise contre lui-même. C'est en quoi seulement et strictement l'homme tout entier est *auteur*. Tout le reste n'est pas de

Cet aphorisme a été un scandale pour plusieurs. C'est qu'ils l'entendirent contre eux et non dans sa simplicité de pure constatation.

Une éternelle confusion d'idées exige que les émotions du lecteur dépendent ou résultent directement *des émotions de l'auteur, comme si* l'œuvre n'existait pas.

On dit : Pour me tirer des pleurs, il faut que vous pleuriez. Vous me ferez pleurer, peut-être rire par le produit littéraire de vos larmes.

Pascal, Stendhal raturent.

Le désespoir, la passion cherchent toutefois le mot le plus puissant sur

inconnus. L'inspiré s'y reprend.

Il le faut bien. Sans quoi ces grands auteurs ne seraient point des ÉCRIVAINS.

D'ailleurs, plus il y a résistance, plus il y a conscience.

*Il est des auteurs, et non des moins célèbres, dont les œuvres ne sont qu'*élimination *de leurs émotions.*

Elles peuvent toucher ; *mais non* édifier *ceux qui les produisent. Ils n'apprennent pas, en les faisant, à faire ce qu'ils ignoraient, à être ce qu'ils n'étaient pas.*

lui, mais d'une partie de lui, échappée. Entre l'émotion ou l'intention initiale, et ces aboutissements que sont l'oubli, le désordre, le vague, — issues fatales de la pensée, — son affaire est d'introduire les contrariétés qu'il a créées, afin qu'interposées, elles disputent à la nature purement transitive des phénomènes intérieurs un peu d'action renouvelable et d'existence indépendante...

Peut-être je m'exagérais en ce temps-là le défaut évident de toute littérature, de ne satisfaire jamais l'ensemble de l'esprit. Je n'aimais pas qu'on laissât des fonctions oisives pendant qu'on exerce les autres. Je puis dire aussi (c'est dire la même chose) que je ne mettais rien au-dessus de la *conscience* ; j'aurais donné bien des chefs-d'œuvre que je croyais irréfléchis pour une page visiblement gouvernée.

Ces erreurs, qu'il serait aisé de défendre et que je ne trouve pas encore si infécondes que je n'y retourne quelquefois, empoisonnaient mes tentatives. Tous mes préceptes, trop présents et trop définis, étaient aussi universels pour me servir dans aucune circonstance. Il faut tant d'années pour que les vérités que l'on s'est faites deviennent notre chair même !

Ainsi, au lieu de trouver en moi ces conditions, ces obstacles comparables à des forces extérieures, qui permettent que l'on avance contre son premier mouvement, je m'y heurtais à des chicanes mal disposées ; et je me rendais à plaisir les choses plus difficiles qu'il eût dû sembler à de si jeunes regards qu'elles le fussent. Et je ne voyais de l'autre côté que velléités, possibilités, facilité dégoûtante : toute une richesse involontaire, vaine comme celle des rêves, remuant et mêlant l'infini des choses usées.

Si je commençais de jeter les dés sur un papier, je n'amenais que les mots témoins de l'impuissance de la pensée : *génie*, *mystère*, *profond...*, attributs qui conviennent au néant, renseignement moins sur leur sujet que sur la personne qui parle. J'avais beau chercher à me leurrer, cette politique mentale était courte : je répondais à mes naissantes propositions, que la somme de mes échanges, dans chaque instant, était nulle.

Pour comble de malheur, j'adorais confusément, mais passionnément, la précision ; je prétendais vaguement à la conduite de mes pensées.

Je sentais, certes, qu'il faut bien, et de toute nécessité, que notre esprit compte sur ses hasards ; fait pour l'imprévu, il le donne, il le reçoit ; ses attentes expresses sont sans effets directs, et ses opérations volontaires ou régulières ne sont utiles qu'*après coup*, comme dans une seconde vie qu'il donnerait au plus clair de lui-même. Mais je ne croyais pas à la puissance propre du délire, à la nécessité de l'ignorance, aux éclairs de l'absurde, à l'incohérence créatrice. Ce que nous tenons du hasard tient toujours un peu de son père ! — Nos révélations, pensais-je, ne sont que des événements d'un certain ordre, et il me faut encore interpréter ces *événements connaissants*. Il le faut toujours. Même les plus heureuses de nos intuitions sont en quelque sorte des résultats inexacts *par excès*, à l'égard de notre clarté ordinaire ; *par défaut*, au regard de la complexité infinie des moindres objets et des cas réels qu'elles prétendent nous soumettre. Notre mérite personnel, —

La volonté ne peut agir dans l'esprit, sur l'esprit qu'indirectement, par le détour du corps. Elle peut répéter pour obtenir, — *mais presque rien de plus.*

Notre pensée ne peut jamais être trop complexe ni trop simple.

Car le réel, qu'elle veut atteindre, ne peut être que d'une complexité infinie après lequel nous soupirons, — ne consiste pas à les subir tant qu'à les saisir, à les saisir tant qu'à les discuter... Et notre riposte à notre *génie* vaut mieux parfois que son attaque.

Nous savons trop, d'ailleurs, que la probabilité est défavorable à ce démon : l'esprit nous souffle sans vergogne un million de sottises pour une belle idée qu'il nous abandonne ; et cette chance même ne vaudra finalement quelque chose que par le traitement qui l'accommode à notre fin. C'est ainsi que les minerais, inappréciables dans leur gîte et dans leurs filons, prennent leur importance au soleil, et par les travaux de la surface.

Loin donc que ce soient les éléments intuitifs qui donnent leur valeur aux œuvres, ôtez les œuvres, et vos lueurs ne seront plus que des accidents spirituels, perdus dans les statistiques de la vie locale du cerveau. Leur vrai prix ne vient pas de l'obscurité de leur origine, ni de la profondeur supposée d'où nous aimerions naïvement qu'elles sortent, et ni de la surprise précieuse qu'elles nous causent à nous-mêmes ; mais bien d'une rencontre avec nos besoins, *— inépuisable ; et d'autre part, elle ne peut saisir, et se servir de ce qu'elle a saisi, que si elle lui a donné quelque figure* simple.

et enfin de l'usage réfléchi que nous saurons en faire, — c'est-à-dire : — de la collaboration de tout l'homme.

Hypothèse statistique.

Mais s'il est entendu que nos plus grandes lumières sont intimement mêlées à nos plus grandes chances d'erreur, et que la moyenne de nos pensées est, en quelque sorte, insignifiante, — c'est celui en nous qui choisit, et c'est celui qui met en œuvre, qu'il faut exercer sans repos. Le reste, qui ne dépend de personne, est inutile à invoquer comme la pluie. On le baptise, on le déifie, on le tourmente vainement : il n'en doit résulter qu'un accroissement de la simulation et de la fraude, — choses si naturellement unies à l'ambition de la pensée que l'on peut douter si elles en sont ou le principe, ou le produit. Le mal de prendre une hypallage pour une découverte, une métaphore pour une démonstration, un vomissement de mots pour un torrent de connaissances capitales, et soi-même pour un oracle, ce mal naît avec nous.

Léonard de Vinci n'a pas de rapport avec ces désordres. Parmi tant d'idoles que nous avons à choisir, puisqu'il en faut adorer au moins une, il a fixé devant son regard cette Rigueur obstinée, qui se dit elle-même la plus exigeante de toutes. (Mais ce doit être la moins grossière d'entre elles, celle-ci que toutes les autres s'accordent pour haïr.)

La rigueur instituée, une liberté positive est possible, tandis que la liberté apparente n'étant que de pouvoir obéir à chaque impulsion de hasard, plus nous en jouissons, plus nous sommes enchaînés autour du même point, comme le bouchon sur la mer, que rien n'attache, que tout sollicite, et sur lequel se contestent et s'annulent toutes les puissances de l'univers.

L'entière opération de ce grand Vinci est uniquement déduite de son grand objet ; comme si une personne particulière n'y était pas attachée, sa pensée paraît plus universelle, plus minutieuse, plus suivie et plus isolée qu'il n'appartient à une pensée individuelle. L'homme très élevé n'est jamais un *original*. Sa personnalité est aussi insignifiante qu'il le faut. Peu d'inégalités ; aucune superstition de l'intellect. Pas de craintes vaines. Il n'a pas peur des analyses ; il les mène, — ou bien ce sont elles qui le conduisent, — aux conséquences éloignées ; il retourne au réel sans effort. Il imite, il innove ; il ne rejette pas l'ancien, parce qu'il est ancien ; ni le nouveau, pour être nouveau ; mais il consulte en lui quelque chose d'éternellement actuel.

La fortune de cette antithèse est remarquable. Je crains qu'elle n'ait fait aucun bien dans le monde de l'esprit.

Il ne connaît pas le moins du monde cette opposition, si grosse et si mal définie, que devait, trois demi-siècles après lui, dénoncer, entre l'esprit de finesse et celui de géométrie, un homme entièrement insensible aux arts, qui ne pouvait s'imaginer cette jonction délicate, mais naturelle, de dons distincts ; qui pensait que la peinture est vanité ; que la vraie éloquence se moque de l'éloquence ; qui nous embarque dans un pari où il engloutit toute finesse et toute géométrie ; et qui, ayant changé sa neuve lampe contre une vieille, se perd à coudre des papiers dans ses poches, quand c'est l'heure de donner à la France la gloire du calcul de l'infini...

Ceci a fait scandale. Mais où en seraient les hommes si tous ceux dont l'esprit valait le sien eussent fait comme lui ?

Pas de révélations pour Léonard. Pas d'abîme ouvert à sa droite. Un abîme le ferait songer à un pont. Un abîme pourrait servir aux essais de quelque grand oiseau mécanique....

Et lui se devait considérer

comme un modèle de bel animal pensant, absolument souple et délié ; doué de plusieurs modes de mouvement ; sachant, sous la moindre intention du cavalier, sans défenses et sans retards, passer d'une allure à une autre. Esprit de finesse, esprit de géométrie, on les épouse, on les abandonne, comme fait le cheval accompli ses rythmes successifs... Il doit suffire à l'être suprêmement coordonné de se prescrire certaines modifications cachées et très simples au regard de la volonté, et immédiatement il passe de l'ordre des transformations purement formelles et des actes symboliques au régime de la connaissance imparfaite et des réalités spontanées. Posséder cette liberté dans les changements profonds, user d'un tel registre d'accommodations, c'est seulement jouir de l'intégrité de l'homme, telle que nous l'imaginons chez les anciens.

Les anciens n'en savaient pas assez pour n'être pas libres de leurs attitudes mentales.

Une élégance supérieure nous déconcerte. Cette absence d'embarras, de prophétisme, et de pathétisme ; ces idéaux précis ; ce tempérament entre les curiosités et les puissances, toujours rétabli par un maître de l'équilibre ; ce dédain de l'illusionnisme et des artifices, et chez le plus ingénieux des hommes, cette ignorance du théâtre, ce sont des scandales pour nous. Quoi de plus dur à concevoir pour des êtres comme nous sommes, qui faisons de la « sensibilité » une sorte de profession, qui prétendons à tout posséder dans quelques effets élémentaires de contraste et de résonance nerveuse, et à tout saisir quand nous nous donnons l'illusion de nous confondre à la substance chatoyante et mobile de notre durée ?

Mais Léonard, de recherche en recherche, se fait très simplement toujours plus admirable écuyer de sa propre nature ; il dresse indéfiniment ses pensers, exerce ses regards, développe ses actes ; il conduit l'une et l'autre main aux dessins les plus précis ; il se dénoue et se rassemble, resserre la correspondance de ses volontés avec ses pouvoirs, pousse son raisonnement dans les arts, et préserve sa grâce.

Une intelligence si détachée arrive dans son mouvement à d'étranges attitudes, comme une danseuse nous étonne, de prendre et de conserver quelque temps des figures de pure instabilité. Son indépendance choque nos instincts et se joue de nos vœux. Rien de plus libre, c'est-à-dire, rien de moins humain, que ses jugements sur l'amour, sur la mort. Il nous les donne à deviner par quelques fragments, dans ses cahiers.

« L'amour dans sa fureur (dit-il, à peu près) est chose si laide que la race humaine s'éteindrait, — *la natura si perderebbe*, — si ceux qui le font se voyaient. » Ce mépris est accusé par divers croquis, car le comble du mépris pour certaines choses est enfin de les examiner à loisir. Il dessine donc çà et là des unions anatomiques, coupes effroyables à même l'amour. La machine érotique l'intéresse, la mécanique animale étant son domaine préféré ; mais un combat de sueurs et l'essoufflement des *opranti*, un monstre de musculatures antagonistes, une transfiguration en bêtes — cela semble n'exciter en lui que répugnance et que dédain...

Son jugement sur la mort, il faut le tirer d'un texte assez court, — mais texte d'une plénitude et d'une simplicité antiques, qui devait peut-être prendre place

Ce regard assez froid sur la mécanique de l'amour est unique, je crois, dans l'histoire intellectuelle.

L'amour analysé froidement, une foule d'idées étranges viennent à l'esprit. Quels détours, quelle complexité de moyens pour accomplir la fécondation ! Les émotions, les idéaux, la beauté intervenant comme conditions de l'excitation de certain muscle.

L'essentiel de la fonction devenant accessoire ; et son accomplissement redouté, éludé...

Rien ne fait mieux observer à quel point la nature est indirecte.

89

dans le préambule d'un Traité, jamais achevé, du Corps humain.

Cet homme, qui a disséqué dix cadavres pour suivre le trajet de quelques veines, songe : l'organisation de notre corps est une telle merveille que l'âme, quoique *chose divine*, ne se sépare qu'avec les plus grandes peines de ce corps qu'elle habitait. « *Et je crois bien*, dit Léonard, *que ses larmes et sa douleur ne sont pas sans raison...* »

N'allons pas approfondir l'espèce de doute chargé de sens qui est dans ces mots. Il suffit de considérer l'ombre énorme ici projetée par quelque idée en formation : la mort, interprétée comme un désastre *pour l'âme* ! La mort du corps, diminution de cette *chose divine* ! La mort, atteignant l'âme jusqu'aux larmes, et dans son œuvre la plus chère, par la destruction d'une telle architecture qu'elle s'était faite pour y habiter !

Je ne tiens pas à déduire de ces réticentes paroles une métaphysique selon Léonard ; mais je me laisse aller à un rapprochement assez facile, puisqu'il se fait de soi dans ma pensée. Pour un tel amateur d'organismes, le corps n'est pas une guenille toute méprisable ; ce corps a trop de propriétés, il résout trop de problèmes, *il possède trop de fonctions et de ressources pour ne pas répondre à quelque exigence transcendante, assez puissante pour le construire, pas assez puissante pour se passer de sa complication.* Il est œuvre et instrument de quelqu'un qui a besoin de lui, qui ne le rejette pas volontiers, qui le pleure comme on pleurerait le pouvoir... Tel est le sentiment de Vinci. Sa philosophie est toute *naturaliste*, très choquée par le *spiritualisme*, très attachée au mot à mot de l'explication physico-mécanique ; quand, sur le point de l'âme, la voici toute comparable à la philosophie de l'Église. L'Église, — pour autant, du moins, que l'Église est Thomiste, — ne donne pas à l'âme séparée une existence bien enviable. Rien de plus pauvre que cette âme qui a perdu son corps. Elle n'a guère que l'être même : c'est un minimum logique, une sorte de vie latente dans laquelle elle est inconcevable pour nous, et sans doute, pour elle-même. Elle a tout dépouillé : pouvoir, vouloir ; savoir, peut-être ? Je ne sais même pas s'il lui peut

En réalité, il n'y a que la sensibilité qui nous intéresse. L'intelligence (distinction scolaire — soit !) ne nous importe au fond que pour des effets de divers genres sur notre sensibilité.

*Or celle-ci peut être abolie pendant une assez longue durée sans que la mort s'ensuive. En langage théologique, l'*âme *ne nous a point quittés. Mais le* moi *n'était rien pendant ce laps. Ce qui nous constitue à l'égard*

*de nous-mêmes,
était nul : et sa pos-
sibilité de restitutio
in integrum, à la
merci du moindre
incident. Voilà tout
ce que nous savons
de certain :* nous
pouvons — ne pas
être.

souvenir d'avoir été, dans le temps et quelque part, la *forme* et l'*acte* de son corps ? Il lui reste l'honneur de son autonomie... Une si vaine et si insipide condition n'est heureusement que passagère, — si ce mot, hors de la durée, retient un sens : la raison demande, et le dogme impose, la restitution de la chair. Sans doute, les qualités de cette chair suprême seront-elles bien différentes de celles que notre chair aura possédées. Il faut concevoir, je pense, tout autre chose ici qu'une réalisation de l'*improbable*. Mais il est inutile de s'aventurer aux extrêmes de la physique, de rêver d'un corps glorieux dont la masse serait avec l'attraction universelle dans une autre relation que la nôtre, et cette masse variable en un tel rapport avec la vitesse de la lumière que l'*agilité* qui lui est prédite soit réalisée... Quoi qu'il en soit, l'âme dépouillée doit, selon la théologie, retrouver dans un certain corps une certaine vie fonctionnelle ; et par ce corps nouveau, une sorte de matière qui permette ses opérations, et remplisse de merveilles incorruptibles ses vides catégories intellectuelles.

Un dogme qui concède à l'orga-

nisation corporelle cette importance à peine secondaire, qui
réduit remarquablement l'âme,
qui nous interdit et nous épargne
le ridicule de nous la figurer, qui
va jusqu'à l'obliger de se réincar-
ner pour qu'elle puisse participer à
la pleine vie éternelle, ce dogme si
exactement contraire au spiritualisme pur, sépare, de la manière la
plus sensible, l'Église, de la plupart des autres confessions chré-
tiennes. Mais il me semble que
depuis deux ou trois siècles, il n'est
pas d'article sur lequel la littérature religieuse ait passé plus légèrement. Apologistes, prédicateurs
n'en parlent guère... La cause de
ce demi-silence m'échappe.

Je me suis égaré si loin dans
Léonard que je ne sais pas tout
d'un coup revenir à moi-même...
Bah ! Tout chemin m'y conduira :
c'est la définition de ce moi-même.
Il ne peut pas absolument se
perdre, il ne perd que son temps.
Suivons donc un peu plus avant
la pente et la tentation de l'esprit ;
suivons-les malheureusement sans
craintes, cela ne mène à aucun
fond véritable. Même notre pensée
la plus « profonde » est contenue
dans les conditions invincibles qui

*Rien n'illustre
mieux le caractère
superficiel de la
pensée que les
observations et
réflexions qu'elle*

peut faire sur le corps.

Elle lui appartient, le meut, l'ignore, s'y réfère, l'oublie, en est surprise...

font que toute pensée est « superficielle ». On ne pénètre que dans une forêt de transpositions ; ou bien c'est un palais fermé de miroirs, que féconde une lampe solitaire qu'ils enfantent à l'infini.

Mais encore essayons de notre seule curiosité pour nous éclairer le système caché de quelque individu de la première grandeur ; et imaginons à peu près comme il doit s'apparaître, quand il s'arrête quelquefois dans le mouvement de ses travaux et qu'il se regarde dans l'ensemble.

Il se considère d'abord assujetti aux nécessités et réalités communes ; et il se replace ensuite dans le secret de la connaissance séparée. Il voit comme nous et il voit comme soi. Il a un jugement de sa nature et un sentiment de son artifice. Il est absent et présent. Il soutient cette espèce de dualité que doit soutenir un prêtre. Il sent bien qu'il ne peut pas se définir entièrement devant lui-même par les données et par les mobiles ordinaires. *Vivre*, et même bien vivre, ce n'est qu'un moyen pour lui : quand il mange, il alimente aussi quelque autre merveille que sa vie, et la moitié de son pain est consacrée. *Agir*, ce n'est encore qu'un exercice. *Aimer*, je ne sais pas s'il lui est possible. Et quant à la gloire, non. Briller à d'autres yeux, c'est en recevoir un éclat de fausses pierreries.

Il faut cependant se découvrir je ne sais quels points de repère tellement placés que sa vie particulière et cette *vie généralisée* qu'il s'est trouvée se composent. La clairvoyance imperturbable qui lui semble (mais sans le convaincre tout à fait) le représenter tout entier à lui-même voudrait se soustraire à la relativité qu'elle ne peut pas ne pas conclure de tout le reste. Elle a beau se transformer en elle-même, et, de jour en jour, se reproduire aussi pure que le soleil, cette identité apparente emporte avec elle un sentiment qu'elle est trompeuse. Elle sait, dans sa fixité, être soumise à un mystérieux entraînement et à une modification sans témoin ; et elle sait donc qu'elle enveloppe toujours, même à l'état le plus net de sa lucidité, une possibilité cachée de faillite et de totale ruine, — comme il arrive au rêve le plus précis de contenir un germe inexplicable de non-réalité.

C'est une manière de lumineux

C'est par quoi nous avons inventé le Temps qui nous représente le sort commun de tout ce qui n'est pas nous.

Mais ce nous ne contient plus rien, étant la limite de l'opération fondamentale et constante de la connaissance, qui est de rejeter indéfiniment toute chose.

supplice que de sentir que l'on voit tout, sans cesser de sentir que l'on est encore *visible*, et l'objet concevable d'une attention étrangère ; et sans se trouver jamais le poste ni le regard qui ne laissent rien derrière eux.

— *Durus est hic sermo*, va bientôt dire le lecteur. Mais en ces matières, qui n'est pas vague et difficile, qui n'est pas difficile est nul. Allons encore un peu.

Pour une présence d'esprit aussi sensible à elle-même, et qui se ferme sur elle-même par le détour de « l'Univers », tous les événements de tous les genres, et la vie, et la mort, et les pensées, ne lui sont que des *figures* subordonnées. Comme chaque *chose visible* est à la fois étrangère, indispensable, et inférieure à la *chose qui y voit*, ainsi l'importance de ces figures, si grande qu'elle apparaisse à chaque instant, pâlit à la réflexion devant la seule persistance de l'attention elle-même. Tout le cède à cette universalité pure, à cette généralité insurmontable que la conscience se sent être.

Si tels événements ont le pouvoir de la supprimer, ils sont, du même coup, destitués de toute signification ; que s'ils la conservent, ils rentrent dans son système. L'intelligence ignore d'être née, comme elle ignore qu'elle périra. Elle est instruite, oui, de ses fluctuations et de son effacement final, mais au titre d'une notion qui n'est pas d'une autre espèce que les autres ; elle se croirait, très aisément, inadmissible et inaltérable, si ce n'était qu'elle a reconnu par ses expériences, un jour ou l'autre, diverses possibilités funestes, et l'existence d'une certaine pente qui mène plus bas que tout. Cette pente fait pressentir qu'elle peut devenir irrésistible ; elle prononce le commencement d'un éloignement sans retour du soleil spirituel, du maximum admirable de la netteté, de la solidité, du pouvoir de distinguer et de choisir ; on la devine qui s'abaisse, obscurcie de mille impuretés psychologiques, obsédée de bourdons et de vertiges, à travers la confusion des temps et le trouble des fonctions, et qui se dirige défaillante au milieu d'un désordre inexprimable des *dimensions* de la connaissance, jusqu'à l'état instantané et indivis qui étouffe ce chaos dans la nullité.

de quoi l'idée d'immortalité a été tirée et nourrie. Il nous est impossible de concevoir une suppression de la conscience qui ne soit accidentelle et qui soit définitive. Elle ne peut concevoir que ce qu'elle peut faire, et ne peut faire que redevenir.

Mais, opposé tout de même à la mort qu'il l'est à la vie, un système complet de substitutions psychologiques, plus il est conscient et se remplace par lui-même, plus il se détache de toute origine et plus se dépouille-t-il, en quelque sorte, de toute chance de rupture. Pareil à l'anneau de fumée, le système tout d'énergies intérieures prétend merveilleusement à une indépendance et à une insécabilité parfaites. Dans une très claire conscience, la mémoire et les phénomènes se trouvent tellement reliés, attendus, répondus ; le passé si bien employé ; le nouveau si promptement compensé ; l'état de relation totale si nettement reconquis que rien ne semble pouvoir commencer, rien se terminer, au sein de cette activité presque pure. L'échange perpétuel de *choses* qui la constitue, l'assure en apparence d'une conservation indéfinie, car elle n'est attachée à aucune ; et elle ne contient pas quelque *élément-limite*, quelque objet singulier de perception ou de pensée, tellement plus réel que tous les autres, que quelque autre ne puisse pas venir après lui. Il n'est pas une telle idée qu'elle satisfasse

Il n'y a point de dernière pensée en

98

aux conditions inconnues de la conscience au point de la faire évanouir. Il n'existe pas de pensée qui extermine le pouvoir de pensée et le conclue, — une certaine position du pêne qui ferme définitivement la serrure. Non, point de pensée qui soit pour la pensée une résolution née de son développement même, et comme un accord final de cette dissonance permanente.

Puisque la connaissance ne se connaît pas d'extrémité, et puisque aucune idée n'épuise la tâche de la conscience, il faut bien qu'elle périsse dans un événement incompréhensible que lui prédisent et que lui préparent ces affres et ces sensations extraordinaires dont je parlais ; qui nous esquissent des mondes instables et incompatibles avec la plénitude de la vie ; mondes inhumains, mondes infirmes et comparables à ces mondes que le géomètre ébauche en jouant sur les axiomes, le physicien en supportant d'autres *constantes* que celles admises. Entre la netteté de la vie et la simplicité de la mort, les rêves, les malaises, les extases, tous ces états à demi impossibles, qui introduisent, dirait-on, des valeurs approchées, des solutions

soi *et* par soi.

Chez certains insectes mâles, il y a un dernier acte, *qui est d'amour, après quoi ils meurent. Mais point de pensée qui épuise la virtualité de l'esprit.*

Il y a cependant une étrange tendance, (dans tous les esprits d'un certain ordre), qui est de s'avancer toujours vers je ne sais quel point de je ne sais quel ciel.

Il y a l'insatiable de la compréhension et de la puissance de construction...

L'incompréhensibilité de la mort est ici proposée comme nécessaire, essentielle : La Mort présentée comme non-problème.

J'entends la mort de chacun envisagée dans chacun. Car la mort, au sens

biologique, fait par-
tie inséparable *de la
vie, et est, à ce titre,
compréhensible,
propriété sans
laquelle le fonction-
nement de la vie*
doit *être* incompré-
hensible.

*Cet équilibre psy-
chique est assuré
(quand il l'est), par
des* rétablissements
*assez rapprochés,
par quoi les déve-
loppements psy-
chiques (attentions
et associations) sont
interrompus par les
sensations et per-
ceptions externes.
Nous pouvons
trouver bien des
choses dans les*
écarts ; *mais ces
trouvailles ne
prennent leur prix
que rapportées au
système des actes et
de l'extériorité
stable.*

irrationnelles ou transcendantes
dans l'équation de la connaissance, placent d'étranges degrés,
des variétés et des phrases inef-
fables, — car il n'est point de
noms pour des choses parmi lesquelles on est bien seul.

Comme la perfide musique
compose les libertés du sommeil
avec la suite et l'entraînement de
l'extrême attention, et fait la synthèse d'êtres intimes momentanés,
ainsi les fluctuations de l'équilibre
psychique donnent à percevoir des
modes aberrants de l'existence.
Nous portons en nous des formes
de la sensibilité qui ne peuvent pas
réussir, mais qui peuvent naître.
Ce sont des instants dérobés à la
critique implacable de la durée ;
ils ne résistent pas au fonctionnement complet de notre être : ou
nous périssons, ou ils se dissolvent.
Mais ce sont des monstres pleins
de leçons que ces monstres de l'en-
tendement, et que ces états de passage, — espaces dans lesquels la
continuité, la connexion, la mobi-
lité connues sont altérées ; empires
où la lumière est associée à la douleur ; champs de forces où les
craintes et les désirs orientés nous
assignent d'étranges circuits ;
matière qui est faite de temps ;

abîmes littéralement d'horreur, ou d'amour, ou de quiétude ; régions bizarrement soudées à elles-mêmes, domaines non archimédiens qui défient le mouvement ; sites perpétuels dans un éclair ; surfaces qui se creusent, conjuguées à notre nausée, infléchies sous nos moindres intentions... On ne peut pas dire qu'ils sont réels ; on ne peut pas dire qu'ils ne le sont pas. Qui ne les a pas traversés ne connaît pas le prix de la lumière naturelle et du milieu le plus banal ; il ne connaît pas la véritable fragilité du monde, qui ne se rapporte pas à l'alternative de l'être et du non-être ; ce serait trop simple ! — L'étonnement, ce n'est pas que les choses soient ; c'est qu'elles soient *telles*, et non telles autres. La *figure de ce monde* fait partie d'une famille de figures dont nous possédons sans le savoir tous les éléments du groupe infini. C'est le secret des inventeurs.

Au sortir de ces intervalles, et des écarts personnels où les faiblesses, la présence de poisons dans le système nerveux, mais où les forces et les finesses aussi de l'attention, la logique la plus exquise, la mystique bien cultivée, conduisent diversement la

C'est là une considération qui semble mériter quelque réflexion, quoique cette réflexion doive être sans issue.

La connaissance et son objet sont, en quelque manière, réciproques. Mais cette réciprocité n'est pas si rigoureuse qu'elle ne laisse je ne sais quelle généralité, quelle liberté à l'égard de tous les objets ou contenus. La vie n'épuise pas pour ses besoins toutes les ressources de l'esprit et des sens qu'elle soutient.

conscience, celle-ci vient donc à soupçonner toute la réalité accoutumée de n'être qu'une solution, parmi bien d'autres, de problèmes universels. Elle s'assure que les choses pourraient être *assez* différentes de ce qu'elles sont, sans qu'elle-même fût *très* différente de ce qu'elle est. Elle ose considérer son « corps » et son « monde » comme des restrictions presque arbitraires imposées à l'étude de sa fonction. Elle voit qu'elle correspond ou qu'elle répond, non à un *monde* mais à quelque système de degré plus élevé dont les éléments soient des mondes. Elle est capable de plus de combinaisons internes qu'il n'en faut pour vivre ; de plus de rigueur que toute occasion pratique n'en requiert et n'en supporte ; elle se juge plus profonde que l'abîme même de la vie et de la mort animales ; et ce regard sur sa condition ne peut réagir sur elle-même, tant elle s'est reculée et placée hors du tout, et tant elle s'est appliquée *à ne jamais figurer dans quoi que ce soit qu'elle puisse concevoir ou se répondre.* Ce n'est plus qu'un corps noir qui tout absorbe et ne rend rien.

Retirant de ces remarques

exactes et de ces prétentions inévitables une hardiesse périlleuse ; forte de cette espèce d'indépendance et d'invariance qu'elle est contrainte de s'accorder, elle se pose enfin comme fille directe et ressemblante de l'être sans visage, sans origine, auquel incombe et se rapporte toute la tentative du cosmos... Encore un peu, et elle ne compterait plus comme existences nécessaires que deux entités essentiellement inconnues : Soi et X. Toutes deux abstraites de tout, impliquées dans tout, impliquant tout. Égales et consubstantielles.

L'homme que l'exigence de l'infatigable esprit conduit à ce contact de ténèbres éveillées, et à ce point de présence pure, se perçoit comme nu et dépouillé, et réduit à la suprême pauvreté de la puissance sans objet ; victime, chef-d'œuvre, accomplissement de la simplification et de l'ordre dialectique ; comparable à cet état où parvient la plus riche pensée quand elle s'est assimilée à elle-même, et reconnue, et consommée en un petit groupe de caractères et de symboles. Le même travail que nous faisons sur un objet de réflexions, il l'a dépensé sur le sujet qui réfléchit.

Le voici sans instincts, presque sans images ; et il n'a plus de but. Il n'a pas de semblables. Je dis : *homme*, et je dis : *il*, par analogie et par manque de mots.

Il ne s'agit plus de choisir, ni de créer ; et pas plus de se conserver que de s'accroître. Rien n'est à surmonter, et il ne peut pas même être question de se détruire.

Tout *génie* est maintenant consumé, ne peut plus servir de rien. Ce ne fut qu'un moyen pour atteindre à la dernière simplicité. Il n'y a pas d'actes du génie qui ne soit *moindre* que l'acte d'être. Une loi magnifique habite et fonde l'imbécile ; l'esprit le plus fort ne trouve pas mieux en soi-même.

Enfin, cette conscience accomplie s'étant contrainte à se définir par le total des choses, et comme l'*excès* de la connaissance sur ce Tout, — elle, qui pour s'affirmer doit commencer par nier une infinité de fois, une infinité d'éléments, et par épuiser les objets de son pouvoir sans épuiser ce pouvoir même, — elle est donc différente du néant, d'aussi peu que l'on voudra.

Si nous pouvions connaître le mécanisme d'un sot et d'un homme d'esprit, peut-être que la différence de ces hommes, qui nous paraît parfois immense, ne se marquerait que par des différences insignifiantes dans les structures et les fonctionnements intrinsèques, par rapport auxquels les grandes différences ne seraient que des accidents.

Elle fait songer naïvement à une assistance invisible logée dans l'obscurité d'un théâtre. Présence qui ne peut pas se contempler, condamnée au spectacle adverse, et qui sent toutefois qu'elle compose toute cette nuit haletante, invinciblement orientée. Nuit complète, nuit très avide, nuit secrètement organisée, toute construite d'organismes qui se limitent et se compriment ; nuit compacte aux ténèbres bourrées d'organes, qui battent, qui soufflent, qui s'échauffent, et qui défendent, chacun selon sa nature, leur emplacement et leur fonction. En regard de l'intense et mystérieuse assemblée, brillent dans un cadre formé, et s'agitent, tout le Sensible, l'Intelligible, le Possible. Rien ne peut naître, périr, être à quelque degré, avoir un moment, un lieu, un sens, une figure, — si ce n'est sur cette *scène* définie, que les destins ont circonscrite, et que, l'ayant séparée de je ne sais quelle confusion primordiale, comme furent au premier jour les ténèbres séparées de la lumière, ils ont opposée et subordonnée à la condition d'*être vue*...

Si je vous ai menés dans cette

Cette image du théâtre sert à joindre et à opposer la vie organique profonde à la vie superficielle que nous nommons esprit. La première est de nature régulière, périodique et ne se manifeste dans la seconde que par des perturbations ; et non par toutes ses perturbations, car il en est de fort graves qui sont muettes, mais par certaines qu'une sorte de hasard nous rend sensibles, et même insupportables, sans relation avec leur importance pour la vie.

solitude, et jusqu'à cette netteté désespérée, c'est qu'il fallait bien conduire à sa dernière conséquence l'idée que je me suis faite d'une puissance intellectuelle. Le caractère de l'homme est la conscience ; et celui de la conscience, une perpétuelle exhaustion, un détachement sans repos et sans exception de tout ce qu'y paraît, quoi qui paraisse. Acte inépuisable, indépendant de la qualité comme de la quantité des choses apparues, et par lequel *l'homme de l'esprit* doit enfin se réduire sciemment à un refus indéfini d'être quoi que ce soit.

Tous les phénomènes, par là frappés d'une sorte d'égale répulsion, et comme rejetés successivement par un geste identique, apparaissent dans une certaine équivalence. Les sentiments et les pensées sont enveloppés dans cette condamnation uniforme, étendue à tout ce qui est perceptible. Il faut bien comprendre que rien n'échappe à la rigueur de cette exhaustion ; mais qu'il suffit de notre attention pour mettre nos mouvements les plus intimes au rang des événements et des objets extérieurs : du moment qu'ils sont observables, ils vont se joindre à toutes choses observées. — Couleur et douleur ; souvenirs, attente et surprises ; cet arbre, et le flottement de son feuillage, et sa variation annuelle et son ombre comme sa substance, ses accidents de figure et de position, les pensées très éloignées qu'il rappelle à ma distraction, — *tout cela est égal*... Toutes choses se substituent — ne serait-ce pas la définition des *choses* ?

Il est impossible que l'activité de l'esprit ne le contraigne pas enfin à cette considération extrême et élémentaire. Ses mouvements multipliés, ses intimes contestations, ses perturbations, ses retours analytiques, que laissent-ils d'inaltéré ? Qu'est-ce qui résiste à l'entrain des sens, à la dissipation des idées, à l'affaiblissement des souvenirs, à la variation lente de l'organisme, à l'action incessante et multiforme de l'univers ? — Ce n'est que cette conscience seule, à l'état le plus abstrait.

Notre *personnalité* elle-même, que nous prenons grossièrement pour notre plus intime et plus profonde *propriété*, pour notre souverain bien, n'est qu'une *chose*, et muable et accidentelle, auprès de ce *moi* le plus nu ; puisque nous

La personnalité est composée de souvenirs, d'habitudes, de penchants, de réactions. Elle est, en somme, l'ensemble des plus promptes réponses de l'être, même quand cette promptitude amène la tendance à différer.

Or, tout ceci peut être regardé comme accidentel par rapport à la pure et simple conscience dont l'unique propriété est d'être. Elle est au contraire parfaitement impersonnelle.

pouvons penser à elle, calculer ses intérêts, et même les perdre un peu de vue, elle n'est donc qu'une divinité psychologique secondaire, qui habite notre miroir et qui obéit à notre nom. Elle est de l'ordre des Pénates. Elle est sujette à la douleur, friande de parfums comme les faux dieux, et comme eux, la tentation des vers. Elle s'épanouit dans les louanges. Elle ne résiste pas à la force des vins, à la délicatesse des paroles, à la sorcellerie de la musique. Elle se chérit, et se trouve par là docile et facile à conduire. Elle se disperse dans le carnaval de la démence, elle se plie bizarrement aux anamorphoses du sommeil. Plus encore : elle est contrainte, avec ennui, de se reconnaître des égales, de s'avouer qu'elle est *inférieure* à telles autres ; et ce lui est amer et inexplicable.

Tout, d'ailleurs, la fait convenir qu'elle est un simple événement ; qu'il faut figurer, avec tous les accidents du monde, dans les statistiques et dans les tables ; qu'elle a commencé par une chance séminale, et dans un incident microscopique ; qu'elle a couru des milliards de risques, et qu'elle est en somme, toute admirable, toute

volontaire, toute accusée et étince-
lante qu'elle puisse être, l'effet
d'un incalculable désordre.

Chaque personne étant un « jeu
de la nature », jeu de l'amour et du
hasard, la plus belle intention, et
même la plus savante pensée de
cette créature toujours improvisée,
se sentent inévitablement de leur
origine. Son acte est toujours relatif, ses chefs-d'œuvre sont casuels.
Elle pense périssable, elle pense
individuel, elle pense par rac-
crocs ; et elle ramasse le meilleur
de ses idées dans des occasions
fortuites et secrètes qu'elle se
garde d'avouer. — Et, d'ailleurs,
elle n'est pas sûre d'être positive-
ment *quelqu'un* ; elle se déguise et
se nie plus facilement qu'elle ne
s'affirme. Tirant de sa propre
inconsistance quelques ressources
et beaucoup de vanité, elle met
dans les fictions son activité favorite. Elle vit de romans, elle épouse
sérieusement mille personnages.
Son héros n'est jamais soi-même...

Enfin les neuf dixièmes de sa
durée se passent dans ce qui n'est
pas encore, dans ce qui n'est plus,
dans ce qui ne peut pas être ; tellement que notre véritable *présent* a
neuf chances sur dix de n'être
jamais.

Mais chaque vie si particulière possède toutefois, à la profondeur d'un trésor, la permanence fondamentale d'une conscience que rien ne supporte ; et comme l'oreille retrouve et reperd, à travers les vicissitudes de la symphonie, un son grave et continu qui ne cesse jamais d'y résider, mais qui cesse à chaque instant d'être saisi, le *moi* pur, élément unique et monotone de l'être même dans le monde, retrouvé, reperdu par lui-même, habite éternellement notre sens ; cette profonde *note* de l'existence domine, dès qu'on l'écoute, toute la complication des conditions et des variétés de l'existence.

L'œuvre capitale et cachée du plus grand esprit n'est-elle pas de soustraire cette attention substantielle à la lutte des vérités ordinaires ? Ne faut-il pas qu'il arrive à se définir, contre toutes choses, par cette pure relation immuable entre les objets les plus divers, ce qui lui confère une généralité presque inconcevable et le porte en quelque manière à la puissance de l'univers correspondant ? — Ce n'est pas sa chère *personne* qu'il élève à ce haut degré, puisqu'il la renonce en y pensant, et qu'il la substitue dans la place du *sujet* par ce moi inqualifiable, qui n'a pas de nom, qui n'a pas d'histoire, qui n'est pas plus sensible, ni moins réel que le centre de masse d'une bague ou d'un système planétaire, — mais qui résulte de tout, quel que soit le tout...

Tout à l'heure, le but évident de cette merveilleuse vie intellectuelle était encore... de s'étonner d'elle-même. Elle s'absorbait à se faire des enfants qu'elle admirât ; elle se bornait à ce qu'il y a de plus beau, de plus doux, de plus clair et de plus solide ; elle n'était gênée que de sa comparaison avec d'autres organisations concurrentes ; elle s'embarrassait du problème le plus étrange que l'on puisse jamais se proposer, et que nous proposent nos semblables, et qui consiste simplement dans la possibilité des autres intelligences, dans la pluralité du singulier, dans la coexistence contradictoire de durées indépendantes entre elles, — *tot capita, tot tempora*, — problème comparable au problème physique, de la *relativité*, mais incomparablement plus difficile.

Et voici que son zèle pour être unique l'emportant, et que son ardeur pour être toute-puissante l'éclairant, elle a dépassé toutes créations, toutes œuvres et jusqu'à ses desseins les plus grands, en même temps qu'elle dépose toute tendresse pour elle-même, et toute préférence pour ses vœux. Elle immole en un moment son individualité. Elle se sent conscience pure : il ne peut pas en exister deux. Elle est le *moi*, le pronom universel, appellation de *ceci* qui n'a pas de rapport, avec un visage. Ô quel point de transformation de l'orgueil, et comme il est arrivé où il ne savait pas qu'il allait ! Quelle modération le récompense de ses triomphes ! Il fallait bien qu'une vie si fermement dirigée, et qui a traité comme des obstacles, ou que l'on tourne ou que l'on renverse, tous les objets qu'elle pouvait se proposer, ait enfin une conclusion inattaquable, non une conclusion de sa durée, mais une conclusion en elle-même... Son orgueil l'a conduite jusque-là, et là se consume. Cet orgueil conducteur l'abandonne étonnée, nue, infiniment simple sur le pôle de ses trésors.

Ces pensées ne sont pas mystérieuses. On aurait pu écrire tout abstraitement que le groupe le

L'orgueil dont il s'agit ici ne paraît point celui qui se dit : Je vaux mieux que Toi. Mais bien : ce que je veux vaut mieux que ce que tu veux.

Mon désir, mon modèle, mon impossible passe et efface le tien.

plus général de nos transformations, qui comprend toutes sensations, toutes idées, tous jugements,
tout ce qui se manifeste *intus et
extra*, admet un *invariant*.

Je me suis laissé aller au-delà de
toute patience et de toute clarté, et
j'ai succombé aux idées qui me
sont venues pendant que je parlais
de ma tâche. J'achève en peu de
mots cette peinture un peu simpli-
fiée de mon état : encore quelques
instants à passer en 1894.

Rien de si curieux que la lucidité
aux prises avec l'insuffisance.
Voici à peu près ce qui arrive, ce
qui devait arriver, ce qui m'arriva.

J'étais placé dans la nécessité
d'inventer un personnage capable
de bien des œuvres. J'avais la
manie de n'aimer que le fonctionnement des êtres, et dans les
œuvres, que leur génération. Je
savais que ces œuvres sont toujours des falsifications, des arran-
gements, l'*auteur* n'étant heureusement jamais l'*homme*. La vie de
celui-ci n'est pas la vie de celui-là :
accumulez tous les détails que
vous pourrez sur la vie de Racine,
vous n'en tirerez pas l'art de faire
ses vers. Toute la critique est
dominée par ce principe suranné :

*La vie de l'auteur
n'est pas la vie de
l'homme qu'il est.*

l'homme est *cause* de l'œuvre, — comme le criminel aux yeux de la loi est *cause* du crime. Ils en sont bien plutôt l'effet ! Mais ce principe pragmatique allège le juge et le critique ; la biographie est plus simple que l'analyse. Sur ce qui nous intéresse le plus, elle n'apprend absolument rien... Davantage ! La véritable vie d'un homme, toujours mal définie, même pour son voisin, même pour lui-même, ne peut pas être utilisée dans une explication de ses œuvres, si ce n'est indirectement et moyennant une élaboration très soigneuse.

Donc, ni maîtresses, ni créanciers, ni anecdotes, ni aventures, — on est conduit au système le plus honnête : imaginer, à l'exclusion de tous ces détails extérieurs, un être théorique, un *modèle* psychologique plus ou moins grossier, mais qui représente, en quelque sorte, notre propre capacité de reconstruire l'œuvre que nous nous sommes proposé de nous expliquer. Le succès est très douteux, mais le travail n'est pas ingrat : s'il ne résout pas les problèmes insolubles de la parthénogenèse intellectuelle, du moins il

Tel est le problème. Il consiste à essayer de concevoir ce qu'un autre a conçu, et non à se figurer, d'après quelques documents, un personnage de roman.

les *pose*, et dans une netteté incomparable.

Dans la circonstance, cette conviction était mon seul bien positif.

La nécessité où j'étais placé, le vide que j'avais si bien fait de toutes les solutions antipathiques à ma nature, l'érudition écartée, les ressources rhétoriques différées, tout me mettait dans un état désespéré... Enfin, je le confesse, je ne trouvai pas mieux que d'attribuer à l'infortuné Léonard mes propres agitations, transportant le désordre de mon esprit dans la complexité du sien. Je lui infligeai tous mes désirs à titre de choses possédées. Je lui prêtai bien des difficultés qui me hantaient dans ce temps-là, comme s'il les eût rencontrées et surmontées. Je changeai mes embarras en sa puissance supposée. J'osai me considérer sous son nom, et utiliser ma personne.

Cela était faux, mais vivant. Un jeune homme, curieux de mille choses, ne doit-il pas, après tout, ressembler assez bien à un homme de la Renaissance ? Sa naïveté même ne représente-t-elle pas l'espèce de naïveté *créée* par quatre siècles de découvertes au détriment des hommes de ce temps-là ?

— Et puis, pensai-je, Hercule n'avait pas plus de muscles que nous, ils n'étaient que plus gros. Je ne puis même pas déplacer le rocher qu'il enlève, mais la structure de nos machines n'est pas différente ; je lui corresponds os par os, fibre par fibre, acte par acte, et notre similitude me permet l'imagination de ses travaux.

Une brève réflexion fait connaître qu'il n'y a pas d'autre parti que l'on puisse prendre. Il faut se mettre sciemment à la place de l'être qui nous occupe... et quel autre que nous-mêmes peut répondre, quand nous appelons un *esprit* ? On n'en trouve jamais qu'en soi. C'est notre propre fonctionnement qui, *seul*, peut nous apprendre quelque chose sur toute chose. Notre connaissance, à mon sentiment, a pour limite la conscience que nous pouvons avoir de notre être, — et peut-être, de *notre corps*. Quel que soit X, la pensée que j'en ai, si je la presse, tend vers moi, quel que je sois. On peut l'ignorer ou le savoir, le subir ou le désirer, mais il n'y a point d'échappatoire, point d'autre issue. L'*intention* de toute pensée est en nous. C'est avec notre propre substance que nous imaginons et que nous formons une pierre, une plante, un mouvement, un *objet* : une image quelconque n'est peut-être qu'un commencement de nous-mêmes...

lionardo mio
o lionardo che tanto penate...

Quant au vrai Léonard, il fut ce qu'il fut... Ce mythe, toutefois, plus étrange que tous les autres, gagne indéfiniment à être replacé de la fable dans l'histoire. Plus on va, plus précisément il grandit. Les expériences d'Ader et des Wright ont illuminé d'une gloire rétrospective le *Code sur le vol des oiseaux* ; le germe des théories de Fresnel se trouve dans certains passages des manuscrits de l'Institut. Au cours de ces dernières années, les recherches du regretté M. Duhem sur les *Origines de la statique* ont permis d'attribuer à Léonard le théorème fondamental de la composition des forces, et une notion très nette, — quoique incomplète, — du principe du travail virtuel.

1919...

Ces mots, tracés par qui ?
On peut lire pensate *ou* penate.

Quelle intimité... Il a donc fallu qu'une main étrangère mît sur ces feuillets savants une tendre inscription.

LÉONARD ET LES PHILOSOPHES

1929

LETTRE À LÉO FERRERO

Sous le nom et l'invocation de Léonard de Vinci, vous placez vers le commencement de votre carrière un souci et une méditation d'esthétique pure. C'est par quoi finissent (et même périssent) bien des philosophes. Rien de plus noble et de plus hardi.

Vous avez examiné avec une précision et une subtilité remarquables quelques points des plus délicats de ces éternelles recherches qui ont pour objet de rendre le Beau presque intelligible et de nous donner des raisons d'en être supérieurement émus.

Mais c'est aller un peu plus avant dans l'imprudence que de

me demander d'introduire votre ouvrage auprès du public.

Ce n'est pas que je n'aie par occasion rencontré sur les chemins les plus divers des problèmes de cette espèce, et ne les aie réfléchis assez longuement dans mon esprit ; c'est que mes réflexions s'y sont renvoyées l'une à l'autre, et mes lumières égarées entre des miroirs parallèles. Entre la nature et les œuvres, entre la volupté de voir et la volupté de pouvoir, les échanges sont infinis. L'analyse s'y perd assez vite. L'intelligence, qui s'applique et se reprend sans cesse à réorganiser ce qui existe, et à ordonner les symboles de toutes choses autour de son foyer inconnu, s'y épuise, et se désespère dans ce domaine où les réponses précèdent les questions, où le caprice engendre des lois, où il arrive que l'on peut prendre le symbole pour la chose et la chose pour le symbole, et jouer de cette liberté pour atteindre une sorte inexplicable de rigueur.

Vous souhaitez cependant que, tout incertain, je prépare les esprits à votre dialectique. Je ne puis leur offrir qu'une idée que je me fais confusément des spéculations sur le Beau.

Il faut avouer que l'Esthétique est une grande et même une irrésistible tentation. Presque tous les êtres qui sentent vivement les arts font un peu plus que de les sentir ; ils ne peuvent échapper au besoin d'approfondir leur jouissance.

Comment souffrir d'être séduits mystérieusement par certains aspects du monde ou par telles œuvres de l'homme, et de ne point nous expliquer ce délice ou fortuit ou élaboré, et qui semble, d'une part, indépendant de l'intelligence, — *dont toutefois il est peut-être le principe et le guide caché,* — comme il paraît d'autre part bien distinct de nos affections ordinaires, — *dont il résume et divinise pourtant la variété et la profondeur ?*

Les philosophes ne pouvaient manquer de s'inquiéter de cette espèce singulière d'émotions. Ils avaient d'ailleurs une raison moins naïve et plus méthodique d'y appliquer leurs attentions, d'en rechercher les causes, le mécanisme, la signification et l'essence.

La vaste entreprise de la philosophie, considérée au cœur même du philosophe, consiste après tout

Le philosophe est en somme, une sorte de spécialiste *de* l'universel ; *caractère qui s'exprime par une sorte de contradiction.*

De plus, cet universel *n'apparaît que sous forme* verbale.

Ces deux considérations conduisent facilement à ranger le philosophe dans les artistes ; *mais cet*

121

*artiste ne peut pas
convenir de l'être, et
là commence le
drame, ou la comé-
die, de la Philoso-
phie.*

*Tandis que les
peintres ou les
poètes ne se dis-
putent que le rang,
les philosophes se
disputent l'exis-
tence.*

*Peut-être le phi-
losophe pense-t-il
qu'une* Éthique *ou
une* Monadologie
*sont choses plus
sérieuses qu'une
suite en* ré *mineur ?*

*Il est vrai que
certaines questions
que se posent l'es-
prit sont plus géné-
rales et plus* natu-
relles *que telles
productions de
l'art.*

*Mais rien ne
prouve que ces
questions ne soient
pas naïves.*

dans un *essai de transmutation de
tout ce que nous savons en ce que
nous voudrions savoir*, et cette
opération exige d'être effectuée,
ou du moins présentable, dans un
certain *ordre*.

L'ordre de leurs questions
caractérise les philosophies, car
dans une tête philosophique, il n'y
a point, et il ne peut y avoir, de
questions entièrement indépendantes et substantiellement iso-
lées. On y trouve, au contraire,
comme une basse continue, le sentiment, le son fondamental d'une
dépendance latente, quoique plus
ou moins prochaine, entre toutes
les pensées qu'elle contient ou
pourrait jamais contenir. La
conscience de cette liaison profonde suggère et impose l'ordre ; et
l'ordre des questions conduit
nécessairement à une question
mère, qui est celle de la connaissance.

Or, une fois que le philosophe a
posé ou fondé, justifié, ou déprécié
la connaissance, soit qu'il l'ait
exaltée et développée *ultra vires*
par de puissantes combinaisons
logiques et intuitives, soit qu'il
l'ait mesurée et comme réduite à
elle-même par la critique, il se voit
invariablement entraîné à *expli-*

quer, c'est-à-dire à exprimer dans son système, qui est son *ordre* personnel de compréhension, l'activité humaine en général, dont la connaissance intellectuelle n'est en somme qu'une des modalités, quoiqu'elle en représente l'ensemble.

C'est ici un point critique de toute philosophie.

Une pensée qui vient d'être si pure et si centrale, qui poursuit en réalité (quels qu'en soient le contenu et les conclusions) l'idéal d'une distribution *uniforme* des concepts autour d'une certaine attitude ou attention caractéristique et singulière du pensant, doit à présent s'essayer à retrouver la diversité, l'irrégularité, l'imprévu des autres pensées ; et son ordre ordonner leur désordre apparent.

Il lui faut reconstruire la pluralité et l'autonomie des esprits comme conséquence de son unité et de sa souveraineté propres. Elle doit légitimer l'existence de ce qu'elle a convaincu d'erreur et ruiné comme tel, reconnaître la vitalité de l'absurde, la fécondité du contradictoire, et parfois même se sentir elle-même, tout animée qu'elle était de l'universalité dont

elle croyait procéder, restreindre à
l'état de production particulière
ou de tendance individuelle d'une
certaine personne. Et c'est le
commencement d'une sagesse en
même temps que le crépuscule
d'une philosophie.

En vérité, l'existence des *autres*
est toujours inquiétante pour le
splendide égotisme d'un penseur.
Il se peut cependant qu'il ne se
heurte à la grande énigme que lui
propose l'arbitraire d'autrui. Le
sentiment, la pensée, l'acte d'autrui presque toujours nous
paraissent arbitraires. Toute la
préférence que nous donnons aux
nôtres, nous la fortifions par une
nécessité dont nous croyons d'être
l'agent. Mais enfin l'*autre* existe,
et l'énigme nous presse. Elle nous
exerce sous deux formes : l'une qui
consiste dans la différence des
conduites et des caractères, dans
la diversité des décisions et des
attitudes en tout ce qui touche la
conservation du corps et de ses
biens ; l'autre, qui se manifeste
par la variété des goûts, des
expressions et des créations de la
sensibilité.
Notre Philosophe ne peut se
résoudre à ne pas absorber dans sa

lumière propre toutes ces réalités qu'il voudrait bien assimiler à la sienne ou réduire en possibilités qui lui appartinssent. Il veut *comprendre* ; il veut les comprendre dans toute la force du mot. Il va donc méditer de se construire une science des valeurs d'action et une science des valeurs de l'expression ou de la création des émotions, — une ÉTHIQUE et une ESTHÉTIQUE, — comme si le Palais de sa Pensée lui dût paraître imparfait sans ces deux ailes symétriques dans lesquelles son Moi tout-puissant et abstrait pût tenir la passion, l'action, l'émotion et l'invention captives.

Tout philosophe, quand il en a fini avec Dieu, avec Soi, avec le Temps, l'Espace, la Matière, les Catégories et les Essences, se retourne vers les hommes et leurs œuvres.

Comme donc il avait inventé le *Vrai*, le Philosophe inventa le *Bien* et le *Beau* ; et comme il avait inventé les règles d'accord de la pensée, isolée avec elle-même, pareillement il s'occupa de prescrire des règles de conformité de l'action et de l'expression à des préceptes et à des modèles sous-

qui sont invariablement les points faibles d'une Philosophie...

À mon avis, toute Philosophie est une affaire de forme. *Elle est la forme la plus compréhensible qu'un certain individu puisse donner à* l'ensemble *de ses expériences internes ou autres, et ceci*, indépendamment des connaissances que peut posséder cet homme.

Plus il approchera dans la recherche de cette forme d'une expression plus indivi-

duelle et plus convenable pour lui, plus l'acte et *plus* l'ouvrage *d'autrui lui seront-ils* étranges.

traits aux caprices et aux doutes de chacun par la considération d'un Principe unique et universel, qu'il faut donc, avant toute chose, et *indépendamment de toute expérience particulière*, définir ou désigner.

Il y a peu d'événements plus remarquables dans l'histoire de l'esprit que cette introduction des Idéaux, où l'on peut voir un fait européen par excellence. Leur affaiblissement dans les esprits coïncide avec celui des vertus typiques de l'Europe.

Léonard est un des fondateurs de l'Europe distincte. Il ne ressemble ni aux anciens ni aux modernes.

Il est clair que le Bien *et le* Beau *sont passés de mode.*

Quant au Vrai, *la photographie en a montré la nature et les limites : l'enregistrement des phénomènes par un pur effet d'eux-mêmes, exigeant le* moins *d'Homme possible, tel est « notre Vrai ».*

Cependant, de même que nous sommes encore assez attachés à l'idée d'une science pure, développée en toute rigueur à partir d'évidences *locales* dont les propriétés pourraient s'étendre indéfiniment d'identité en identité, ainsi sommes-nous encore à demi convaincus de l'existence d'une *Morale* et de celle d'une *Beauté* indépendantes des temps, des lieux, des races et des personnes.

Chaque jour toutefois accuse un peu plus la ruine de cette noble architecture. On assiste à ce phénomène extraordinaire : le développement même des sciences tend à diminuer la notion du Savoir. Je veux dire que cette partie de la science qui paraissait inébranlable et qui lui était commune avec la philosophie (c'est-à-dire avec la foi dans l'intelligible et la croyance à la valeur propre des acquisitions de l'esprit) le cède peu à peu à un mode nouveau de concevoir ou d'évaluer le rôle de la connaissance. L'effort de l'intellect ne peut plus être regardé comme convergent vers une limite spirituelle, vers le *Vrai*. Il suffit de s'interroger pour sentir en soi-même cette conviction moderne : que tout *savoir* auquel ne correspond aucun *pouvoir* effectif n'a qu'une importance conventionnelle ou arbitraire. Tout savoir ne vaut que pour être la description ou la recette d'un pouvoir vérifiable. Dès lors toute métaphysique et même une théorie de la connaissance, quelles qu'elles soient, se trouvent brutalement séparées et éloignées de ce qui est tenu, plus ou moins consciemment, *par tous*, pour seul savoir réel, — *exigible en or*.

Du même coup, éthique et esthétique se décomposent d'elles-mêmes en problèmes de législation, de statistique, d'histoire ou

Voilà ce que je constate.

de physiologie... et en illusions perdues.

Si l'Esthétique pouvait être, les arts s'évanouiraient nécessairement devant elle, c'est-à-dire devant leur essence.

À quelle occasion, d'ailleurs, former, préciser le dessein de « faire une Esthétique » ? — Une science du Beau ?... Mais les modernes usent-ils encore de ce nom ? Il me semble qu'ils ne les prononcent plus *qu'à la légère* ? Ou bien... c'est qu'ils songent au passé. La Beauté est une sorte de morte. La nouveauté, l'intensité, l'étrangeté, en un mot, toutes les *valeurs de choc* l'ont supplantée. L'excitation toute brute est la maîtresse souveraine des âmes récentes ; et les œuvres ont pour fonction actuelle de nous arracher à l'état contemplatif, au *bonheur stationnaire* dont l'image était jadis intimement unie à l'idée générale du Beau. Elles sont de plus en plus pénétrées par les modes les plus instables et les plus immédiats de la vie psychique et sensitive. L'*inconscient*, l'*irrationnel*, l'*instantané*, qui sont, — et leurs noms le proclament, — des privations ou des négations des formes volontaires et soutenues de l'action mentale, se sont substitués aux modèles *attendus par l'esprit*. On ne voit guère plus de produits du désir de « perfection ». Observons au passage que ce désir suranné devait s'évanouir devant l'idée fixe et la soif insatiable de l'*originalité*. L'ambition de parfaire se confond avec le projet de rendre un ouvrage indépendant de toute époque ; mais le souci d'être neuf veut en faire un événement remarquable par son contraste avec l'instant même. La première admet, et même exige l'*hérédité*, l'imitation ou la tradition, qui lui sont des degrés dans son ascension vers l'objet absolu qu'elle songe d'atteindre. Le second les repousse et les implique plus rigoureusement encore, car son essence est de *différer*.

De notre temps, une « définition du Beau » ne peut donc être considérée que comme un document historique ou philosophique. Pris dans l'antique plénitude de son sens, ce mot illustre va joindre dans les tiroirs des numismates du langage bien d'autres monnaies verbales qui n'ont plus cours.

Cependant certains problèmes subsistent, et certains peuvent se proposer, qui ne se laissent ranger sous aucune des disciplines scientifiques bien définies, qui ne

Il faut avouer qu'une conception positive *de la vie doit conduire fatalement à la recherche des effets immédiats et à l'abandon du* beau travail. *Nous assistons au Crépuscule de la Postérité.*

Rien de plus étonnant pour l'œil ingénu que certains problèmes mis par

les philosophes au premier rang, si ce n'est l'absence d'autres problèmes, que le même esprit naïf eût pensés d'importance fondamentale.

relèvent d'aucune technique particulière, et qui semblent d'autre part avoir été ignorés ou négligés par les philosophes, tandis qu'ils reviennent ou redeviennent toujours, quoique vaguement ou bizarrement énoncés, dans les incertitudes des artistes.

Songez, par exemple, aux problèmes généraux de la composition (c'est-à-dire des relations de *divers ordres* entre le tout et les parties) ; à ceux qui résultent de la pluralité des fonctions de chaque élément d'une œuvre ; à ceux de l'*ornement* qui touchent à la fois à la géométrie, à la physique, à la morphologie et ne se fixent nulle part ; mais qui laissent entrevoir je ne sais quelle parenté entre les formes d'équilibre des corps, les figures harmoniques, les décors des êtres vivants, et les productions à demi conscientes ou toutes conscientes de l'activité humaine quand elle se dépense à recouvrir systématiquement un espace ou un temps libre, comme obéissant à une sorte d'horreur du vide...

Je veux dire : lorsqu'un artiste se propose de produire une œuvre si

Les questions de cet ordre ne s'imposent pas à la pensée pure. Elles prennent leur naissance et leur force d'un instinct de créer, quand celui-ci, se développant au-delà de l'exécution instantanée, attend de solutions cherchées dans une méditation d'apparence spéculative, et de figure philosophique, quelque décision par laquelle seront fixées la forme et la structure d'une création concrète. Il arrive à l'artiste de vouloir remonter (en suivant quelque temps le chemin d'un philosophe) à des principes qui puissent justifier et édifier ses intentions, leur communiquer une autorité plus qu'individuelle ; mais ce n'est là qu'une philosophie intéressée qui vise, au travers de ses pensées, des conséquences particulières pour une œuvre. Tandis que pour le philosophe véritable, *ce qui est* est la limite à rejoindre et l'objet à retrouver à l'extrême des excursions et opérations de son esprit, l'artiste se propage dans le possible et se fait *agent de ce qui sera*.

complexe, ou si vaste, ou si neuve pour lui, que les moyens et son dessein ne se déterminent pas immédiatement par leur convenance réciproque, il est conduit à se faire une théorie *d'apparence générale, à puiser dans le langage abstrait une autorité contre soi-même, qui lui facilite son entreprise sous couleur de lui imposer des conditions universelles.*

Il suffit d'avoir quelque peu vécu et causé avec des artistes pour avoir observé ceci et entendu bien des préceptes...

Ce qui sépare le plus manifestement l'esthétique philosophique de la réflexion de l'artiste, c'est qu'elle procède d'une pensée qui se croit étrangère aux arts et qui se sent d'une autre essence qu'une pensée de poète ou de musicien, en quoi je dirai tout à l'heure qu'elle se méconnaît. Les œuvres des arts lui sont des accidents, des cas particuliers, des effets d'une sensibilité active et industrieuse qui tend aveuglément vers un principe dont elle, Philosophie, doit posséder la vision ou la notion immédiate et pure. Cette activité ne lui semble pas *nécessaire*, puisque son objet suprême doit appartenir immédiatement à la pensée philosophique, lui être directement accessible par une attention appliquée à la connaissance de la connaissance, ou à un système du monde sensible et du monde intelligible conjugués. Le philosophe n'en ressent pas la nécessité particulière ; il se figure mal l'importance des modes matériels, des moyens et des valeurs d'exécution, car il tend invinciblement à les distinguer de l'*idée*. Il lui répugne de penser à un échange intime, perpétuel, égalitaire entre ce qu'ont veut et ce qu'on peut, entre ce qu'il juge accident et ce qu'il juge substance, entre la « forme » et le « fond », entre la conscience et l'automatisme, entre la circonstance et le dessein, entre la « matière » et « l'esprit ». Or c'est précisément la grande habitude, la

Le philosophe ne conçoit pas aisément que l'artiste passe presque indifféremment de la forme *au* contenu *et du contenu à la*

liberté acquise de ces échanges, l'existence dans l'artiste d'une sorte de commune mesure cachée entre des éléments d'une extrême différence de nature, c'est la collaboration inévitable et indivisible, la coordination *à chaque instant* et dans chacun de ses actes, de l'arbitraire et du nécessaire, de l'attendu et de l'inattendu, de son corps, de ses matériaux, de ses volontés, de ses absences même, qui permettent enfin d'adjoindre à la nature considérée comme source pratiquement infinie de sujets, de modèles, de moyens et de prétextes, quelque *objet* qui ne peut se simplifier et se réduire à une pensée simple et abstraite, car il tient son origine et son effet d'un système inextricable de conditions indépendantes. *On ne peut pas résumer un poème comme on résume... un « univers ».* Résumer une thèse, c'est en retenir l'essentiel. Résumer (ou remplacer par un *schéma*) une œuvre d'art, c'est en perdre l'essentiel. On voit combien cette circonstance (si on en comprend la portée) rend illusoire l'analyse de l'esthéticien.

On ne peut en effet extraire d'un objet ou d'un dispositif naturel ou artificiel certains caractères esthé-

forme ; qu'un type de phrase lui vienne et qu'il cherche ensuite *à la compléter et justifier par un* sens ; *que l'*idée d'une forme *vaille pour lui l'*idée qui demande une forme. *Etc.*

tiques que l'on retrouverait ailleurs pour s'élever ensuite à une formule générale des belles choses. Ce n'est pas que cette méthode n'ait été souvent employée ; c'est qu'on ne s'avise pas que la recherche même ne s'applique que sur un « déjà trouvé » ; que d'ailleurs la chose considérée ne supporte pas d'être réduite à quelques-uns de ses traits sans perdre sa vertu émotive intrinsèque.

Le philosophe ne conçoit pas facilement que l'artiste passe presque indifféremment de la forme au contenu et du contenu à la forme ; qu'une forme lui vienne *avant* le sens qu'il lui donnera, ni que l'idée d'une forme soit l'égale pour lui de l'idée qui demande une forme.

En un mot, si l'esthétique pouvait être, les arts s'évanouiraient devant elle, c'est-à-dire — *devant leur essence*.

Ce que je dis ici ne doit pas s'entendre des études techniques, lesquelles ne concernent que les moyens, les solutions particulières, ont pour objet plus ou moins direct la production ou la classification des œuvres, mais ne visent point à rejoindre le Beau

par un chemin qui n'est pas situé
dans son propre domaine.

Peut-être que l'on ne conçoit bien que ce que l'on eût inventé. Pascal nous apprend qu'il n'eût pas inventé la peinture. Il ne *voyait* pas la nécessité de doubler les objets les plus insignifiants par leurs images laborieusement obtenues. Que de fois cependant ce grand artiste de la parole s'était-il appliqué à *dessiner*, à faire le portrait parlé de ses pensées... Il est vrai qu'il semble avoir fini par envelopper toutes les volontés *moins une* dans le même rebut, et tout considérer, hors la mort, comme chose peinte.

Qu'a donc fait Emmanuel Kant quand il a fondé son Éthique et son Esthétique sur un mythe d'universalité, sur la présence d'un sentiment d'univers infaillible et unanime, en puissance dans l'âme de tout homme venant en ce monde ? Et qu'ont fait tous les Philosophes du Bien et Beau ? Mais ce sont des créateurs qui s'ignorent, et qui croient qu'ils ne font que substituer une idée plus exacte ou plus complète du réel à une idée grossière ou superficielle, *quand, au contraire, ils inventent* ; et l'un par

Il est bien facile, par une certaine méditation, de remontrer la vanité de tout. C'est une banalité de la chaire que Pascal a rhabillée. Elle ne signifie qu'un dégoût d'origine physiologique simple, ou un dessein de faire, à peu de frais, une assez grande impression sur les esprits.

On peut exciter aussi aisément l'horreur de la vie, l'image de sa fragilité, de ses misères, de sa niaiserie, que l'on peut exciter les idées érotiques et les appétits sensuels. Il suffit de changer de mots.

(Mais il est bien entendu que le premier genre d'exercice est plus noble.)

J'ajoute (mais

135

pour certains seulement) que la volonté de ne pas se laisser manœuvrer par des mots n'est pas sans quelque rapport avec ce que j'ai nommé ou cru nommer : Poésie pure.

subtile division, l'autre par instinct de symétrie, l'un et l'autre par profond amour de *ce qui peut être*, que font-ils que créer, quand ils ajoutent des problèmes aux problèmes, des entités aux êtres, des symboles nouveaux, des formes et des formules de développement au trésor des jeux de l'esprit et de ses constructions arbitraires ?

Le Philosophe s'était mis en campagne pour absorber l'artiste, pour *expliquer* ce que sent, ce que fait l'artiste ; mais c'est le contraire qui se produit et qui se découvre. Loin que la philosophie enveloppe et assimile sous l'espèce de la notion du Beau tout le domaine de la sensibilité créatrice et se rende mère et maîtresse de l'esthétique, il arrive qu'elle en procède, qu'elle ne trouve plus sa justification, l'apaisement de sa conscience et sa véritable *profondeur* que dans sa puissance constructive et dans sa liberté de poésie abstraite. Seule une interprétation esthétique peut soustraire à la ruine de leurs postulats plus ou moins cachés, aux effets destructeurs de l'analyse du langage et de l'esprit, les vénérables monuments de la métaphysique.

Peut-être paraîtra-t-il d'abord bien difficile de penser *en tant qu'artistes*, certains problèmes qu'on avait jusqu'ici pensés *en tant que chercheurs de vérités*, de changer en beaux mensonges — en fictions-en-soi — ces productions de la sincérité la plus intime ?... *Quel état*, dira-t-on, *et quel état !* Il faut se rassurer, philosophes, contre ce changement qui n'est après tout que dans la coutume. Je n'y verrais qu'une réforme exigée par la suite des choses, et dont je trouve une sorte de figure dans l'histoire ancienne des arts plastiques. Il fut un temps que le simulacre d'un homme ou d'un animal, quoiqu'on l'eût vu sortir des mains de l'ouvrier, était considéré non seulement à l'égal des vivants, tout immobile et brut qu'il était, mais comme doué de puissances surnaturelles. On se faisait des dieux de pierre et de bois qui ne ressemblaient même pas à des hommes ; on nourrissait, on vénérait ces images qui n'étaient images que de fort loin ; et voici le fait remarquable, c'est que plus informes elles étaient, plus furent-elles adorées, ce qui s'observe aussi dans le commerce des enfants avec leurs poupées et des amants avec leurs aimées, et qui est un trait profondément significatif. (Peut-être croyons-nous recevoir d'un objet d'autant plus de vie que nous sommes plus obligés de lui en donner.) Mais cette vie communiquée s'affaiblissant peu à peu et peu à peu se refusant à des images si grossières, *l'idole se fit belle.* La critique l'y contraignant, elle perdit ses pouvoirs imaginaires sur les événements et les êtres pour gagner en pouvoir réel sur les regards. La statuaire devint libre et devint soi.

Pourrais-je sans choquer, sans irriter cruellement le sentiment philosophique, comparer ces vérités tant adorées, ces principes, ces Idées, cet Être, ces Essences, ces Catégories, ces Noumènes, cet Univers, tout ce peuple de notions qui parurent successivement nécessaires aux idoles dont je parlais ? Que l'on se demande à présent quelle philosophie serait à la philosophie traditionnelle ce qu'est une statue du Ve siècle aux divinités sans visage des siècles très anciens ?

Je pense quelquefois que des compositions d'idées et des constructions abstraites sans illusions, sans recours à la faculté

Oui, toutes ces abstractions de la philosophie traditionnelle me paraissent des œuvres de Primitifs. *Il y a, si j'ose parler, une certaine naïveté de ces notions et des problèmes qu'elles expriment. En particulier, les notions de* réalité *et de* caud'hypostase, devenant peu à peu possibles et admises, il arrivera peut-être que ce genre de philosophie déliée se montre plus fécond et plus *vrai* que celui qui s'attachait à la croyance primitive dans les explications, plus humain et plus séduisant que celui que commande une attitude critique rigoureuse. Peut-être permettrat-il de reprendre dans un nouvel esprit, avec des ambitions toutes différentes, le travail supérieur que la métaphysique avait entrepris en le dirigeant vers des fins que la critique a fort affaiblies. La mathématique depuis très longtemps s'est rendue indépendante de toute fin étrangère au concept d'elle-même qu'elle s'est trouvé par le développement pur de sa technique, et par la conscience qu'elle a prise de la valeur propre de ce développement ; et tout le monde sait combien cette liberté de son art qui semblait devoir la conduire fort loin du réel, dans un monde de jeux, de difficultés et d'élégances inutiles, l'a merveilleusement assouplie et armée pour seconder le physicien.

Un art des idées, un art de l'ordre des idées, ou de la pluralité des idées, est-ce là une conception

salité me paraissent bien grossières...

Introduire des mots abstraits sans en donner des définitions nettes, et nettement conventionnelles, me semble critiquable.

Elle a trouvé dans l'arbitraire le plus délié et le plus conscient le moyen de développer le plus sûrement son art du nécessaire.

C'est pourquoi l'enseignement de la philosophie, quand i l n ' e s t p a s accompagné d'un enseignement de la liberté de chaque esprit non seulement à l'égard des doctrines, mais encore à l'égard des problèmes eux-mêmes, est à mes yeux antiphiloso-phique.

Il s'agit de créer le besoin d'une volupté de philoso-pher.

toute vaine ? Je trouve permis de penser que toute architecture n'est pas concrète, toute musique n'est pas sonore. Il y a un certain senti-ment des idées, de leurs analogies, qui me semble pouvoir agir et se cultiver comme le sentiment du son ou de la couleur ; même, j'in-clinerais assez, si j'avais à propo-ser une définition du philosophe, à la fonder sur la prédominance dans son être de ce mode de sensi-bilité.

Je crois que l'on naît *philo-sophe*, comme l'on naît *sculpteur* ou *musicien* ; et que ce don de la naissance, s'il prit jusqu'ici pour prétexte et pour thème la pour-suite d'une certaine *vérité* ou *réa-lité*, peut à présent se fier à soi-même et ne plus tant poursuivre que créer. Le philosophe userait avec liberté des forces qu'il a acquises dans la contrainte ; et c'est d'une infinité de manières, sous une infinité de formes, qu'il dépenserait la vigueur et la faculté qui lui sont propres — de donner vie et mouvement aux choses abs-traites.

Voilà qui permettrait de *sauver les Noumènes* par le seul goût de leurs harmonies intrinsèques.

Je dis enfin qu'il existe une

140

démonstration excellente de ce que je viens de proposer en forme de doute. Ce n'était qu'une possibilité, mais voici qu'il suffit de considérer le sort des grandes systèmes pour la trouver déjà réalisée. De quel œil lisons-nous les philosophes, et qui les consulte avec l'espoir véritable d'y trouver autre chose qu'une jouissance ou qu'un exercice de son esprit ? Quand nous nous mettons à les lire, n'est-ce pas avec le sentiment que nous nous soumettons pour quelque durée aux règles d'un beau jeu ? Qu'en serait-il, de ces chefs-d'œuvre d'une discipline invérifiable, sans cette convention que nous acceptons pour l'amour d'un plaisir sévère ? Si l'on réfute un Platon, un Spinoza, ne restera-t-il donc rien de leurs étonnantes constructions ? Il n'en reste absolument rien, *s'il n'en reste des œuvres d'art.*

Et que peuvent d'ailleurs espérer des penseurs de cette grande espèce ?

Cependant, à l'écart de la philosophie, et sur certains points stratégiques du domaine de la volonté d'intelligence, ont paru quelques existences singulières dont on sait que leur pensée abstraite, quoique très exercée et capable de toutes subtilités et profondeurs, ne perdait jamais le souci de créations figurées, d'applications et de preuves sensibles de sa puissance attentive. Ils semblent avoir possédé je ne sais quelle science intime des échanges continuels entre l'*arbitraire* et le *nécessaire*.

Léonard de Vinci est le type suprême de ces individus supérieurs.

Quoi de plus remarquable que l'absence de son nom sur la table des philosophes reconnus et groupés comme tels par la tradition ?

Sans doute, le manque de textes achevés et formellement philosophiques est-il une sorte de raison de cette exclusion. Davantage, la quantité de *notes* laissées par Léonard se présente comme un ensemble simultané devant lequel nous demeurons dans l'incertitude quant à l'ordre des questions dans son esprit. On peut hésiter sur la subordination de ses curiosités et de ses intentions, comme il semble lui-même avoir dispensé son ardeur aux sujets les plus variés, selon l'humeur du jour et les circonstances ; jusqu'à donner l'impression, que je ne hais pas, d'une sorte de condottiere au service de toutes les Muses tour à tour.

Montaigne n'y figure pas davantage.

Un homme qui répondrait : Je ne sais pas, *à toutes les questions d'un formulaire philosophique, ne serait point dit philosophe.*

Et cependant...

Mais, comme on l'a dit plus haut, l'existence visible d'un certain ordre des idées est caractéristique du philosophe qualifié, admis à figurer *ès qualités* dans l'Histoire de la Philosophie (histoire qui ne peut être faite que moyennant quelques conventions, dont la principale est une définition *nécessairement arbitraire* du philosophe et de la philosophie).

Léonard serait donc exclu, faute d'une construction explicite de ses pensées, et, ne craignons pas de le dire, d'une exposé *facile à résumer* qui permette de classer et de comparer à d'autres systèmes l'essentiel de ses conceptions, problème par problème.

N'oublions point que la grande gloire d'un homme exige que son mérite puisse être rappelé en peu de mots.

Mais encore, j'irai plus loin et me plairai à le séparer des philosophes par des raisons plus substantielles et des traits plus sensibles que ces conditions purement négatives. Voyons, ou imaginons, ce en quoi son acte intellectuel diffère bien nettement du leur, quoiqu'il y ressemble fort, par instants.

Le philosophe, aux yeux de qui l'observe, a pour fin très simple : *l'expression par le discours des résultats de sa méditation.* Il tâche de constituer *un savoir* entièrement exprimable et transmissible *par le langage.*

Mais Léonard, le langage ne lui est pas tout. Le savoir n'est pas tout pour lui ; peut-être ne lui est-il qu'un moyen. Léonard dessine, calcule, bâtit, décore, use de tous les modes matériels qui subissent et qui éprouvent les idées, et qui leur offrent des occasions de rebondissements imprévus contre les choses, comme ils leur opposent des résistances étrangères et les conditions d'un autre monde qu'aucune prévision, aucune connaissance préalable ne permettent d'envelopper d'avance dans une élaboration purement mentale. *Savoir* ne suffit point à cette nature nombreuse et volontaire ; c'est le *pouvoir* qui lui importe. Il ne sépare point le comprendre du créer. Il ne distingue pas volontiers la théorie de la pratique ; la spéculation, de l'accroissement de puissance extérieure ; ni le vrai du vérifiable, ni de cette variation du vérifiable que sont les constructions d'ouvrages et de machines.

Par là cet homme est un ancêtre authentique et immédiat de la science toute moderne. Qui ne voit que celle-ci tend toujours plus à se confondre avec l'acquisition et la possession de pouvoir ? J'oserai donc la définir ainsi, car cette définition *est en nous*, quoi que nous en ayons. Je dis : *que la Science est l'ensemble des recettes et procédés qui réussissent toujours*, et qu'elle va se rapprochant progressivement d'une *table de correspondances entre nos actes et des phénomènes*, table de plus en plus nette et riche de telles correspondances, notées dans les systèmes de notations les plus précis et les plus économiques.

L'infaillibilité dans la prévision est, en effet, le seul caractère auquel le moderne reconnaisse une valeur non conventionnelle. Il est tenté de dire : *tout le reste est Littérature*, et il place dans ce reste toutes les explications et toutes les *théories*. Ce n'est pas qu'il méconnaisse leur utilité, leur nécessité même ; c'est qu'il a appris à les considérer comme des moyens et des instruments : manœuvres intermédiaires, formes de tâtonnement, modes provisoires qui préparent par des combinaisons de signes et d'images, par des tentatives logiques, la perception finale décisive.

La science, au sens moderne du mot, consiste à faire dépendre le savoir du pouvoir ; et va jusqu'à subordonner l'intelligible au vérifiable. La confiance repose entièrement sur la certitude de reproduire ou de revoir un certain phénomène moyennant certains actes bien définis. Quant à la manière de décrire ce phénomène, de l'expliquer, c'est là la partie muable, discutable, perfectible de l'accroissement ou de l'exposition de la science.

Il a vu, en quelques dizaines d'années, régner successivement, et même simultanément, des thèses contradictoires également fécondes, des doctrines et des méthodes dont les principes et les exigences théoriques s'opposaient et s'annulaient tandis que leurs résultats positifs s'ajoutaient en tant que pouvoir acquis. Il a entendu assimiler les *lois* à des *conventions* plus ou moins *commodes* ; il sait aussi qu'un grand nombre de ces mêmes lois ont perdu leur caractère pur et essentiel pour être ravalées au rang modeste de simples probabilités, c'est-à-dire pour n'être valables qu'à l'échelle de nos observations. Il connaît enfin les difficultés croissantes, déjà presque insurmontables, de se représenter un *monde* que nous soupçonnons, qui s'impose à nos esprits, mais qui, révélé par le détour d'une série de relais et de conséquences sensibles indirectes, construit par une analyse dont les résultats traduits en langage commun sont déconcertants, excluant toute image, — puisqu'il doit être la substance de leur substance, — fondant en quelque sorte toutes les catégories, *existe et n'existe pas.* Mais tout ce savoir terriblement variable, ces hypothèses inhumaines, cette connaissance incompatible avec le connaissant n'en laissent pas moins après eux un capital toujours accru et incorruptible de faits et de modes de production de faits, c'est-à-dire de *pouvoirs.*

Tout le travail de l'esprit ne peut donc plus avoir pour objet une contemplation finale, dont l'idée même n'a plus de sens (ou se rapprocherait de plus en plus d'une conception théologique, exigerait un contemplateur incommensurable avec nous) ; mais au contraire, il apparaît à l'esprit même comme *activé intermédiaire entre deux expériences ou deux états de l'expérience,* dont le premier est *donné,* et le second *prévu.*

Le savoir de cette espèce ne s'écarte jamais des actes et des instruments d'exécution et de contrôle, loin desquels, d'ailleurs, *il n'a point de sens,* tandis que, fondé sur eux, et s'y référant à chaque instant, il permet au contraire de refuser tout sens à tout autre savoir, à tout savoir qui ne procède que du discours tout

C'est là le fondement du vrai Savoir. Les propositions de ce vrai savoir ne doivent être que des formules d'actes : Faites ceci, faites cela. C'est le pouvoir, c'est-à-dire transformation extérieure certaine suspendue à une modification intérieure consciente.

seul, et qui ne se meut que vers des idées.

Que devient donc la philosophie, assiégée, obsédée de découvertes dont l'imprévu fait naître les plus grands doutes sur les vertus et sur les valeurs des idées et des déductions de l'esprit réduit à soi seul et s'attaquant au monde ? Que devient-elle, quand pressée, traversée, surprise à chaque instant par la furieuse activité des sciences physiques, elle se trouve, d'autre part, inquiétée et menacée dans ses habitudes les plus anciennes, les plus tenaces (et peut-être les moins regrettables), par les travaux lents et minutieux des philologues et des linguistes ? Que devient : *Je pense*, et que devient : *Je suis ?* Que devient, ou que redevient, ce verbe nul et mystérieux, ce verbe ÊTRE, qui a fait une si grande carrière dans le vide ? De très subtils artistes ont tiré de ces syllabes humbles, dont l'évanouissement ou l'usure de leurs premiers sens ont permis l'étrange fortune, un infini de questions et de réponses.

Si donc l'on ne tient aucun compte de nos habitudes de pensée pour se réduire à ce que

Notre époque a vu la métaphysique surprise par les variations de la science de la manière la plus brusque, et parfois la plus comique.

C'est pourquoi il m'est arrivé de penser que si j'étais philosophe, je m'attacherais à rendre ma pensée philosophique indépendante de toutes connaissances qu'une expérience nouvelle peut ruiner.

montre un regard actuel sur l'état des choses de l'esprit, on observe facilement que la philosophie, définie par son œuvre qui est *œuvre écrite*, est objectivement un genre littéraire particulier, caractérisé par certains sujets et par la fréquence de certains termes et de certaines formes. Ce genre si particulier de travail mental et de production verbale prétend toutefois à une situation suprême par la généralité de ses visées et de ses formules ; mais comme il est destitué de toute vérification extérieure, qu'il n'aboutit à l'institution d'aucun *pouvoir*, que cette généralité même qu'il invoque ne peut ni ne doit être considérée comme transitoire, comme moyen ni comme expression de résultats vérifiables, il faut bien que nous le rangions non trop loin de la poésie...

mais se donne pour fin en soi.

Mais ces artistes dont je parlais se méconnaissent et ne veulent point l'être. Leur art, sans doute, n'est point comme l'est celui des poètes, l'art d'abuser de la résonance des mots ; il spécule sur une sorte de foi dans l'existence d'une valeur absolue et isolable de leurs sens. *Qu'est-ce que la réalité ?* se demande le philosophe ; et *qu'est-ce que la liberté ?* Il se met dans l'état d'ignorer l'origine à la fois métaphorique, sociale, statistique de ces noms, dont le glissement vers des sens indéfinissables va lui permettre de faire produire à son esprit les combinaisons les plus profondes et les plus délicates. Il ne faut pas pour lui qu'il en finisse avec sa question par la simple histoire d'un vocable à travers les âges, par le détail des méprises, des emplois figurés, des locutions singulières, grâce au nombre et aux incohérences desquels un pauvre mot devient aussi complexe et mystérieux qu'un être, irrite comme un être une curiosité presque anxieuse, se dérobe à toute analyse en termes finis, et créature fortuite de besoins simples, antique expédient de commerces vulgaires et des échanges immédiats, s'élève à la très haute destinée d'exciter toute la puissance interrogeante et toutes les ressources de réponses d'un esprit merveilleusement attentif. Ce mot, ce rien, ce moyen de fortune anonymement créé, altéré par qui que ce soit, s'est changé par la méditation et la dialectique de quelques-uns, dans un instrument extraordinaire propre

Il faut avouer que le propre des plus grands philosophes est d'ajouter des problèmes d'interprétation aux problèmes immédiats que peut poser l'observation.

Chacun d'eux importe une terminologie, et dans aucun cas, les termes qu'ils introduisent ne sont bien définis.

à tourmenter tout le groupe des groupes de la pensée, sorte de clé qui peut tendre tous les ressorts d'une tête puissante, ouvrir des abîmes d'attente au désir de tout concevoir.

Or, toute l'opération d'un artiste, c'est de faire quelque chose de rien. Et qu'y a-t-il, d'ailleurs, de plus véritablement *personnel*, de plus significatif d'une personne et de son écart individuel, que ce travail du philosophe quand il insère mille difficultés dans l'expression commune où ceux qui l'ont faite n'en soupçonnent point, quand il crée des doutes et des troubles, découvre des antinomies, étonne les coutumes des esprits par tout un jeu de substitutions qui déconcertent et qui s'imposent... Quoi de plus personnel sous les apparences de l'universel ?

La parole, moyen et fin du philosophe ; la parole, sa matière vile sur laquelle il souffle, et qu'il tourmente dans sa profondeur, ce n'était pour Léonard que le moindre de ses moyens. On sait que la mathématique elle-même, qui n'est après tout qu'un discours à règles exactes, ne lui était qu'un appareil transitoire. « La mécanique, disait-il, est le paradis des

L'idée de l'ani-
mal-machine expri-
mée par Descartes
et élément remar-
quable de sa philo-
sophie *apparaît*
bien plus vivement
chez Léonard. On
la trouve chez lui en
quelque sorte en
acte. *Je ne sais si*
personne avant lui
avait songé à consi-
dérer les vivants
d'un œil de mécani-
cien. La sustenta-
tion, la propulsion,
la respiration, tout
lui est occasion
mécanique. Il était
plus anatomiste et
plus ingénieur que
Descartes. L'ambi-
tion de l'automate,
de la connaissance
par la construction,
était souveraine en
lui.

sciences mathématiques. » (Pensée déjà toute cartésienne, comme cartésien était son souci constant de physique physiologique.)

Il procédait par là sur la voie où nos esprits sont engagés.

Mais il était d'un temps moins intéressé que le nôtre, ou moins accoutumé à confondre l'utile, ou le confortable, ou l'excitant, avec *ce qui provoque l'état de réso-nance et de réciprocité harmo-nique entre les sensations, les désirs, les mouvements et les pen-sées.* Ce n'était point ce qui augmente les aises du corps, et lui épargne le temps ou la fatigue, ni ce qui surprend et irrite seulement l'âme des sens, qui paraissait alors le plus désirable ; mais bien ce qui multiplie la jouissance sensuelle par les artifices et les calculs de l'intelligence, et qui achève d'ac-complir une si rare volupté par l'introduction d'une certaine *spiri-tualité* spécieuse et délicieuse. Entre les faunes et les anges, la Renaissance s'entendait fort bien à faire des combinaisons très humaines.

C'est par quoi j'arrive à ce que j'ai de difficile à expliquer et de plus dur à faire entendre.

Voici donc ce qui m'apparaît en Léonard de plus merveilleux, et qui l'oppose et qui le joint aux philosophes bien plus étrangement et plus profondément que tout ce que j'ai allégué de lui et d'eux-mêmes. Léonard est peintre : *je dis qu'il a la peinture pour philosophie*. En vérité, c'est lui-même qui le dit ; et il parle peinture comme on parle philosophie : c'est dire qu'il y rapporte toute chose. Il se fait de cet art (qui paraît si particulier au regard de la pensée et si éloigné de pouvoir satisfaire toute l'intelligence) une idée excessive : il le regarde comme une fin dernière de l'effort d'un esprit universel. Ainsi Mallarmé de nos jours a pensé singulièrement que le monde était fait pour être exprimé, que toutes choses finiraient par l'être, selon les moyens de la poésie.

Peindre, pour Léonard, est une opération qui requiert toutes les connaissances, et presque toutes les techniques : géométrie, dynamique, géologie, physiologie. Une bataille à figurer suppose une étude des tourbillons et des poussières soulevées ; or, il ne veut les représenter que les ayant observés avec des yeux dont l'attente soit savante et comme toute pénétrée

Car sa peinture exige toujours de lui une analyse minutieuse et préalable des objets qu'il veut représenter, analyse qui ne se borne pas du tout à leurs caractères visuels ; mais qui va au plus intime ou organique, à la physique, à la physiologie, jusqu'à la psychologie, pour qu'enfin son œil s'attende, en quelque sorte, à percevoir les accidents visibles du modèle qui résultent de sa structure cachée.

Benvenuto Cellini nous apprend que Léonard fut le premier à admirer les formes organiques adaptées à des rôles fonctionnels. Il a fait comprendre l'espèce de beauté de certains os (l'omoplate) et articulations (le bras articulé avec la main).

Une esthétique toute moderne n'est fondée que sur ce principe d'adaptation. Les Grecs n'avaient songé qu'aux effets optiques.

Le plaisir intellectuel tiré de la fonction virtuelle des formes n'était pas isolé par eux. Cependant on a créé de tout temps des armes et des ustensiles parfaits.

de la connaissance de leurs lois. Un personnage est une synthèse de recherches qui vont de la dissection à la psychologie. Il note avec une exquise précision les attitudes des corps selon l'âge et le sexe, comme il analyse d'autre part les actes professionnels. Toutes choses pour lui sont comme égales devant sa volonté d'atteindre et de saisir les formes par leurs causes. Il se meut, en quelque sorte, à partir des apparences des objets ; il en réduit, ou tente d'en réduire, les caractères morphologiques à des systèmes de forces ; et ces systèmes connus — *ressentis* — et raisonnés, — il achève ou plutôt, renouvelle son mouvement par l'exécution du dessin ou du tableau ; en quoi il recueille tout le fruit de sa fatigue. Il a recréé ainsi un aspect, ou une projection des êtres, par voie d'une analyse en profondeur de leurs propriétés de toute espèce.

— *Mais que lui sert le langage en tout ceci ?* — Il ne lui sert que d'instrument, au même titre que les nombres. Il ne lui est qu'un auxiliaire, un accessoire de travail qui joue dans les entreprises de nos désirs le rôle même que des croquis en marge jouent quelquefois dans l'élaboration des expressions chez ceux qui *écrivent.*

Léonard trouve en somme dans l'œuvre peinte tous les problèmes que peut proposer à l'esprit le dessein d'une synthèse de la nature, et quelques autres.

— *Est-il donc, n'est-il pas philosophe ?*

S'il n'en était que d'un doute sur le mot... Mais il s'agit de bien autre chose que du choix d'une appellation assez vague. Ce qui m'arrête sur le point où le bel attribut de philosophe hésite à se poser sur un nom illustré par tant d'ouvrage *non écrits*, c'est que je trouve ici le problème des rapports de l'activité totale d'un esprit avec le mode d'expression qu'il adopte, c'est-à-dire : avec *le genre de travaux qui lui rendra la plus intense sensation de sa force*, et avec *les résistances extérieures qu'il accepte.*

Le cas particulier de Léonard de Vinci nous propose une de ces coïncidences remarquables qui exigent de nous un retour sur nos habitudes d'esprit et comme un réveil de notre attention au milieu

Quand la circonstance me fit considérer le Vinci, je vis en lui le type de ce travail si conscient que l'art et la science y sont inextricablement mêlés, l'exemplaire d'un système d'art fondé sur l'analyse générale et toujours soucieux, quand il fait œuvre particulière, *de ne la composer que d'éléments vérifiables.*

L'analyse de Léonard le conduit à étendre son désir de peindre à la curiosité de tous les phénomènes, même non visuels, aucun ne lui semblant indifférent à l'art de peindre, comme celui-ci lui semblait précieux pour la connaissance en général.

Cette réciprocité

remarquable entre la fabrication et le savoir, par quoi la première est garantie du second, est caractéristique de Léonard, s'oppose à la science purement verbale, et a fini par dominer dans l'ère actuelle, au grand détriment de la philosophie, qui apparaît chose incomplète.

des idées qui nous furent transmises.

Il me semble que l'on peut affirmer de lui, avec une assez grande assurance, que la place que tient la philosophie dans la vie d'un esprit, l'exigence profonde dont elle témoigne, la curiosité généralisée qui l'accompagne, le besoin de la quantité de faits qu'elle retient et assimile, la présence constante de la soif des causes, *c'est la permanence du souci de l'œuvre peinte qui en tient exactement lieu chez Léonard.*

Voilà qui blesse en nous de très anciennes distinctions, et qui tourmente à la fois la philosophie et la peinture telles qu'elles étaient figurées et séparées dans nos idées.

Au regard de nos habitudes, Léonard paraît une sorte de monstre, un centaure ou une chimère, à cause de l'espèce ambiguë qu'il représente à des esprits trop exercés à diviser notre nature et à considérer des philosophes sans mains et sans yeux, des artistes aux têtes si réduites qu'il n'y tient plus que des instincts...

Il faut tenter cependant de rendre concevable cette étrange substitution de la philosophie par le culte d'un art plastique. Observons tout d'abord qu'il ne peut être question de raisonner sur les états ou sur les faits les plus *intérieurs*, car, dans l'intime ou dans l'instant de la vie psychique, les différences du philosophe et de l'artiste y sont nécessairement indéterminées, sinon inexistantes. Nous sommes donc obligés d'en venir à ce qui se voit, se distingue et s'oppose *objectivement*, et c'est ici que nous retrouvons ce que nous avons observé tout à l'heure : le problème essentiel du rôle du langage. Si la philosophie est inséparable de l'expression par le langage, si cette expression est la fin de tout philosophe, Léonard, dont la fin est peinture, n'est pas philosophe, quoiqu'il en porte la plupart des caractères. Mais nous sommes alors contraints d'accepter toutes les conséquences de ce jugement, dont il en est de rigoureuses. Je vais en donner une idée.

Le philosophe *décrit* ce qu'il a pensé. Un système de philosophie se résume dans une classification de mots, ou une table de définitions. La logique n'est que la permanence des propriétés de cette table et la manière de s'en servir.

La logique n'a que des vertus très modérées quand on emploie le langage

157

ordinaire, c'est-à-dire le langage sans définitions absolues.

Voilà à quoi nous sommes accoutumés, et par quoi nous ne pouvons que nous ne fassions au langage articulé une place toute spéciale et toute centrale dans le régime de nos esprits. Il est bien sûr que cette place est due, et que ce langage, quoique fait de conventions innombrables, est presque *nous-mêmes*. Nous ne pouvons presque pas *penser* sans lui, et ne pouvons sans lui diriger, conserver, ressaisir notre pensée, et surtout... la *prévoir*, en quelque mesure.

Mais regardons d'un peu plus près ; considérons en nous. À peine notre pensée tend à s'approfondir, c'est-à-dire à s'approcher de son objet, essayant d'opérer sur les choses mêmes (pour autant que son acte se fait choses), et non plus sur les signes *quelconques* qui excitent les idées superficielles des choses, à peine vivons-nous cette pensée, nous la sentons se séparer de tout langage conventionnel. Si intimement soit-il tramé dans notre présence, et si *dense* soit la distribution de ses *chances* ; si sensible soit en nous cette organisation acquise, et si prompte soit-elle à intervenir, nous pouvons par effort, par une sorte de *grossisse-*

ment, ou par une manière de *pression de durée* le diviser de notre vie mentale instante. Nous sentons que les mots nous manquent, et nous connaissons qu'il n'y a point de raison qu'il s'en trouve qui nous répondent, c'est-à-dire... *qui nous remplacent*, car la puissance des mots (d'où ils tirent leur utilité) est de nous faire repasser *au voisinage* d'états déjà éprouvés, de régulariser, ou d'instituer, la *répétition*, et voici que nous épousons maintenant cette vie mentale *qui ne se répète jamais*. C'est peut-être cela même qui est *penser profondément*, ce qui ne veut pas dire : penser plus utilement, plus exactement, plus complètement que de coutume ; ce n'est que penser loin, *penser le plus loin possible de l'automatisme verbal*. Nous éprouvons alors que le vocabulaire et la grammaire sont des dons étrangers : *res inter alios actas*. Nous percevons directement que le langage, pour organique et indispensable qu'il soit, ne peut *rien* achever dans le monde de la pensée, où *rien* ne fixe sa nature transitive. Notre attention le distingue de nous. Notre rigueur comme notre ferveur nous opposent à lui.

C'est remettre en question les valeurs premièrement données de notre pensée, en agissant sur les durées d'existence consciente de ces données.

Les philosophes toutefois se sont essayés à rapporter leur langage à leur vie profonde, à le reclasser, à le compléter quelque peu selon les besoins de leur expérience solitaire, pour en faire un moyen plus subtil, plus certain de *connaître* et de *reconnaître leur connaissance*. On pourrait se représenter la philosophie comme l'attitude, l'attente, la contrainte, moyennant lesquelles quelqu'un, parfois, pense sa vie ou vit sa pensée, dans une sorte d'équivalence, ou d'état réversible, entre *l'être* et *le connaître*, essayant de suspendre toute expression conventionnelle pendant qu'il pressent que s'ordonne et va s'éclairer une combinaison, beaucoup plus précieuse que les autres, du réel qu'il se sent offrir et de celui qu'il peut recevoir.

Mais la nature du langage est toute contraire à l'heureux succès de ce grand effort à quoi tous les philosophes se sont essayés. Les plus puissants se sont consumés dans la tentative de *faire parler leur pensée*. C'est en vain qu'ils ont créé ou transfiguré certains mots ; ils ne sont point parvenus à

Toute pensée exige que l'on prenne une chose pour une autre : une *seconde pour* une *année.*

nous transmettre leurs états. Qu'il s'agisse des Idées, de la Dunamis, de l'Être, du Noumène, du Cogito ou du Moi, ce sont des *chiffres*, uniquement déterminés par un contexte, et c'est donc enfin par une sorte de création personnelle que leur lecteur, comme il arrive du lecteur de poètes, donne force de vie à des œuvres où le discours ordinaire est ployé à exprimer des choses que les hommes ne peuvent échanger entre eux, et qui n'existent pas dans le milieu où sonne la parole.

Il n'est pas un seul problème en philosophie qu'on ait pu énoncer de manière qu'aucun doute ne subsistât sur son existence.

On voit que de fonder toute philosophie sur l'expression verbale et de lui refuser en même temps les libertés, et même... les gênes qui conviennent aux arts, on risque de la réduire aux divers modes de *faire oraison* de quelques solitaires admirables. D'ailleurs, on n'a jamais constaté, et on ne peut même imaginer, deux philosophes compatibles l'un avec l'autre ; ni une doctrine dont l'interprétation soit unique et constante.

Il y a autre chose encore à observer sur la relation de l'activité philosophique et de la parole : ce n'est qu'un fait que je relève.

Regardons simplement autour de nous, où nous voyons de jour en jour l'importance du langage décroître en tous les domaines dans lesquels nous voyons aussi un accroissement de précision se prononcer. Sans doute le langage commun servira-t-il toujours d'instrument initial et général de la vie de relation extérieure et intérieure ; il enseignera toujours les autres langages consciemment créés ; il ajustera aux esprits non encore spécialisés ces mécanismes puissants et nets. Mais il prend peu à peu par contraste le caractère d'un moyen de première et grossière approximation. Son rôle s'amincit devant le développement de systèmes de notations plus purs et plus adaptés chacun à un seul usage. Mais encore, à chaque degré de ce resserrement, correspond une restriction de l'antique horizon de la philosophie... Tout ce qui se précise dans un monde où tout tend à se préciser échappe à ses moyens primitifs d'expression.

Il arrive, aujourd'hui, que dans certains cas très remarquables, toute expression par des signes discrets arbitrairement institués soit remplacée par des traces des

Encore faut-il observer que cet ajustement est souvent fort loin d'être satisfaisant. Cf. définitions du point, *de la* ligne, *du* rapport, *etc.*

Il n'est pas de philosophie (jusqu'ici) qui résiste à un examen précis de ses définitions.

choses mêmes, ou par des transpositions ou inscriptions qui dérivent d'elles directement. La grande invention de rendre les lois sensibles à l'œil et comme lisibles à vue s'est incorporée à la connaissance, et *double* en quelque sorte le monde de l'expérience d'un monde visible de courbes, de surfaces, de diagrammes qui transposent les propriétés en figures dont, en suivant de l'œil les inflexions, nous éprouvons, par la conscience de ce mouvement, le sentiment des vicissitudes d'une grandeur. Le *graphique* est capable du continu dont la parole est incapable ; il l'emporte sur elle en évidence et en précision. C'est elle, sans doute, qui lui commande d'exister, qui lui donne un sens, qui l'interprète ; mais ce n'est plus par elle que l'acte de possession mentale est consommé. On voit se constituer peu à peu une sorte d'idéographie des relations figurées entre qualités et quantités, langage qui a pour grammaire un ensemble de conventions préliminaires (échelles, axes, réseaux, etc.) ; pour logique, la dépendance des figures ou des portions de figures, leurs propriétés de situation, etc.

et de plus, une analogique.

Un ordre tout différent de représentation (quoique lié à celui-ci par certaines analogies) nous est offert par l'art musical. On sait comme les ressources de *l'univers des sons* sont profondes, et quelle *présence* de toute la vie affective, quelles intuitions des dédales, des croisements et des superpositions du souvenir, du doute, des impulsions ; quelles forces, quelles vies et quelles morts fictives nous sont communiquées, imposées par les artifices du compositeur. Parfois, le dessin et la modulation sont si conformes aux lois intimes de nos changements d'état qu'ils font songer d'en être des *formules auditives* exactes, et qui pourraient servir de modèles pour une étude objective des phénomènes subjectifs les plus subtils. Aucune description verbale ne peut approcher dans ce genre de recherches des images produites à l'ouïe, car elles sont des transformations et des restitutions des faits vitaux eux-mêmes qu'elles transmettent, quoiqu'elles se donnent, *puisqu'il s'agit d'un art* pour des créations arbitraires de quelqu'un.

On voit par ces exemples comme des figures et des enchaî-

Il y aurait beaucoup à dire sur l'ar-bitraire.

Tout ce que nous faisons d'arbitraire

nements de sensations auditives peuvent se raccorder aux modes supposés les plus *profonds*, c'est-à-dire : les plus éloignés du langage de la pensée philosophique. On voit comment ce qu'elle peut contenir ou percevoir de plus précieux, et qu'elle ne peut communiquer que si imparfaitement, est, sinon transmis, du moins suggéré, par des voies qui ne sont pas du tout ses voies traditionnelles.

Cependant la philosophie a constamment cherché, et cherchera toujours de plus en plus, à s'assurer contre le *danger de paraître poursuivre un but purement verbal*. La *conscience de soi*, qui est (sous divers noms) son moyen principal d'existence (comme elle lui est aussi une occasion toujours prochaine de scepticisme et de perdition), lui remontre, d'une part, sa vigueur et sa nécessité intérieures, et, d'autre part, toute la faiblesse que lui inflige sa dépendance du discours. C'est pourquoi presque tous les philosophes se trouvent conduits, chacun selon sa nature, à distinguer leur pensée de toutes conventions ; et les uns, particulièrement sensibles aux productions et aux

(à nos propres yeux), comme de griffonner au hasard sur un feuillet, résulte de l'activité séparée d'un organe. On ferme les yeux *pour extraire* au hasard *un billet d'un chapeau.* À *de tels actes (analogues à des détentes), s'opposent nos activités surveillées.*

Tout ceci s'exprimerait assez simplement en remarquant que le nombre des conditions indépendantes imposées à un acte mesure le degré de conscience.

Toutefois, ils ne l'ont jamais fait (à ma connaissance) à partir d'une analyse du langage qui le réduise à sa nature statistique, et permette de ne pas attribuer à l'essence des choses *des créations verbales (et par conséquence, des* problèmes*) qui ont pour origine la naïveté, le sentiment poétique, les expédients et tâtonnements des générations.*

L'oubli de ces humbles commencements est sans doute une condition de quantité de problèmes philosophiques.

En particulier, l'existence de notions *non concertées, ou la coexistence accidentelle de termes créés indépendamment les uns des autres,*

transformations continuelles de leur monde intérieur, regardent *en deçà du langage,* où ils observent cette forme intime naissante qui peut se qualifier *d'intuitions,* car notre spontanéité apparente ou réelle comprend, parmi des apports, des *lumières* immédiates, des solutions instantanées, des impulsions et des décisions inattendues. Les autres, moins enclins à se représenter le changement qu'attentifs, au contraire, *à ce qui se conserve,* entendent raffermir dans le langage même les positions de leur pensée. Ils placent leur confiance dans les lois formelles ; ils y découvrent la structure propre de l'intelligible, auquel ils estiment que tout langage emprunte sa discontinuité et le type de ses propositions.

Les premiers, le développement de leur tendance les conduirait aisément, selon quelque pente insensible, vers l'art du temps et de l'ouïe : ce sont des philosophes musiciens. Les seconds, qui supposent au langage une armure de raison et une sorte de plan bien défini ; qui en contemplent, dira-t-on, toutes les implications comme simultanées, et qui tentent de reconstruire en sous-œuvre, ou

de parfaire comme œuvre de quelqu'un, cet ouvrage de tout le
monde et de personne, sont assez
comparables à des architectes...

Je ne vois pas pourquoi les uns
et les autres n'adopteraient pas
notre Léonard auquel la peinture
tenait lieu de philosophie ?

*donne lieu à des
antinomies ou à des
paradoxes très favo-
rables à un riche
développement de
malentendus et de
subtilités assez phi-
losophiques...*

DANS LA MÊME COLLECTION

DANS LA COLLECTION FOLIO / ESSAIS

Impression CPI Bussière
à Saint-Amand (Cher),
le 15 janvier 2010.
Dépôt légal : janvier 2010.
1ᵉʳ dépôt légal dans la collection : avril 1992.
Numéro d'imprimeur : 100059/1.
ISBN 978-2-07-032699-0./Imprimé en France.

174616